HERMES

在古希腊神话中,赫耳墨斯是宙斯和迈亚的儿子,奥林波斯神们的信使,道路与边界之神,睡眠与梦想之神,死者的向导、演说者、商人、小偷、旅者和牧人的保护神……

"修昔底德注疏"出版说明

当我们聆听柏拉图与亚里士多德关于城邦正义、公民德性、最佳政制、礼法与自然的讨论时,思绪中往往呈现出那座伟大、静穆而不免令人感到孤寂的城邦,并会在不经意之间把它安放在某个高山之巅或孤岛之上。唯有柏拉图笔下的《蒂迈欧》在讲述那块烟波浩渺的大西岛时,"引入"了越洋而来的敌人,尝试着在战争这样的"运动"中考察城邦,然而,大西岛还只是一个模型,只拥有一个城邦和一个敌人,其"运动"也是一个设计好的样板。类似地,亚里士多德曾专注于考察另一种特别的"运动"——城邦党争,但基本局限于城郭之内。他甚至考察过雅典远古以来的全部党争史,但看不出这种城郭之内的争斗与斯巴达等盟友以及城邦的敌人有什么干系。相比之下,修昔底德则考察了"世界"中几乎所有的城邦,并命令它们全部彻底地"运动"起来,彼此或敌或友,各个求取生存——《战争志》沉郁而令人激动,贴近现实,探讨了所有政治体的野心、恐惧及历史命运。

今朝看来,修昔底德似乎是在"国际体系"中考察大国的崛起与未来。有别于当今所有国际关系理论家的是,修昔底德没有把城邦或国家简单地抽象成封闭的政治单元,然后以这些政治单元的外部实力作为变量,按照恐惧与制衡这条"万古不变"的单一原理,"现实地"测算霸权与体系的未来。如果不去观看政治单元内部的"黑洞",不去探讨具体政治体的城邦民德性、政治领导人的决断与谋略、特定历史时期的地缘结构、国家财富的增长之道，不去追究国家实力这一"自变量"的自变量，怎么可能把握国际政治的历史与未来？

《战争志》名曰记叙战史，修昔底德所贡献的却绝非现代意义上的"客观史学"：他既务求史实准确，又努力编修史实，"选取最有意义的方面予以评说"。如果在他面前存在过一部客观史实，那么他所留下的则是他对这部史实的深思；他的传世瑰宝是自己的思考，而非客观史实。因此，我们今天必须同时阅读两部大书：那场战争以及政治思想家修昔底德本人。

修昔底德因预期到那段伟大历史的到来而开始着手他的记叙与思考，如今我们似乎又临近另一段伟大历史，从修昔底德那儿获取教益，岂非正当其时？"修昔底德注疏"以编译《战争志》笺注体汉译本为要，辅以西方学界研究修昔底德的精深之作，以助我们把握即将到来的伟大历史。

古典文明研究工作坊
西方经典编译部申组
2010 年 7 月

目 录

中译本说明 ……………………………………… (1)

序言 ……………………………………………… (1)
肯尼迪　　　引论 ……………………………………… (1)
韦斯特三世　修昔底德笔下的演说：描述和列表 …… (7)
伊梅瓦　　　权力病理学与修昔底德笔下的演说 …… (24)
罗毕舍克　　雅典人在斯巴达的演说 ……………… (45)
汉孟德　　　修昔底德笔下的演说中的特殊与
　　　　　　普遍 …………………………………… (66)
斯塔尔　　　卷六和卷七的演说辞与事件过程 …… (79)
麦考伊　　　卷八中皮山大的"非演说辞" ………… (101)
韦斯特雷克　修昔底德笔下的演说的背景 ………… (115)
斯塔特　　　普鲁塔克笔下的修昔底德的演说者 … (135)
韦斯特三世　修昔底德笔下的演说研究文献
　　　　　　［1873－1970］ …………………………… (155)

中译本说明

　　古希腊—罗马的纪事作品中必须包含一些演说辞几乎成了惯例，这来自荷马开创的纪事笔法，并在修昔底德《战争志》中得到发扬光大，从此成为后世纪事写作效仿的传统。演说辞主要被用来解释一些基本观念或涉及的重大事件。从形式上看，演说辞是历史事件中的重要人物在说话，其实，也很可能是纪事作家借机发表个人见识的一种笔法。如果我们追究书中记叙的演说是否真有其事，或演说辞的每句话是否都是演说者本人的话，就会失去领会作者笔法的机会——古代的读书人大多熟悉书中记叙的那些史实，他们也懂得，这类演说辞往往是作者的写作手法，是作品总体风格的有机部分。古希腊读书人不会把纪事作品当作实录品，而是视为作品，从而看重的是书中出现的演说辞在内容和精神上是否与演说者的身份相吻合。

　　本书是研究修昔底德《战争志》中的演说辞的文集，对于开拓我国的西方古典史学名著研究具有启发意义。感谢刘小枫教授向译者推荐本书，以及在译者懈怠之时的不断鞭策。

　　本书初译分工是：王涛翻译序言和引论，孙夏翻译第1至5篇，陆建松翻译第6至9篇。王涛校对全文，因文风差异改动难度太大，王涛重译了第1至5篇，仅第2篇采用了孙夏的部分译文，我们对孙夏付出的宝贵时间和努力深表谢意。王涛最后统稿和校译了全书。

感谢上海外国语大学伦理与国际事务研究中心主任熊文驰博士对译文中希腊词句的处理以及建议,感谢德国马堡大学李鹃博士对注释中部分德语和法语的处理以及建议。尽管译者竭尽所能,译文中的讹误、曲解以及诘屈聱牙之处,均由本人承担相应责任,欢迎大方之家批评指正。

王　涛

2011 年 4 月于哈佛大学

序　言

[vii]1972年3月26日至27日,北卡罗来纳大学教堂山分校古典学系主办了一次主题为"修昔底德笔下的演说"的学术研讨会。高质量的参会论文、听众与参会者的显著受益以及研讨主题的一致性与重要性,都说服古典学系以书稿形式来呈现这些论文,同时对之进行一些必要与适当的修改。

古典学系在出版资金上受益于北卡罗来纳大学学术研究委员会,同时还受益于所有通过言与行,鼓励和支持开办研讨会与出版书籍的人。特别要感谢杨教授(Professor Douglas C. C. Young)(他阅读了书稿校样,发现了若干讹误),以及院系秘书哈尼卡特小姐(Miss Nancy J. Honeycutt)、帕里斯小姐(Miss Jane Paris)和斯玛尔夫人(Mrs. Carol Smarr)。

引论

肯尼迪(George Kennedy)

[ix]本书是对古希腊的伟大史家最鲜明的文学特征——"演说辞"(speeches)——的一项研究。"演说辞"占据修昔底德《战争志》颇多篇幅,构成其完整部分。大多数古代史家都采纳了(include)某种类型的演说辞,从完整的辩论(full-scale debates)到会议报告、对话、书信、口信以及其他形式的口头表达。毫无疑问,在被希腊人看作是一部史书的《伊利亚特》中,各种人物的"演说辞"提供了最早的典范。希罗多德接受了(《伊利亚特》开创的)这一惯例。实际上,这一惯例后来一直沿袭到19世纪,但它在此时屈服于科学的纪事概念(the concept of scientific historiography)。然而,在[这个惯例形成的]传统之中,修昔底德的演说辞非凡而又独特。正如耶伯(Sir Richard Claverhouse Jebb)和米歇尔(John Malcolm Mitchell)所说:"在很大程度上,人们对《战争志》的恒久兴趣正是由于这些演说辞,因为主要是通过这些演说辞,伯罗奔半岛战争的各种事实才为那些敏锐的思想所点燃,以至于成为普遍规律(general laws)的各种例证,获得一种对于政治研

究者来说永恒的启示意义。"①在许多有关修昔底德的讨论中,我们可以找到相似的评论。耶格尔(Werner Jaeger)曾经写道:这些演说辞"是修昔底德思想最为直接的表达,完全可以同无论是默默无名的还是影响深远的伟大希腊哲人的著作匹敌"。②

修昔底德希望他的《战争志》能够派上用场。[x]而本论文集作为一次编选研究资料的尝试,或许也能够派上用场,以便让人们通过这些研究资料来接近演说辞,进而通过演说辞来接近修昔底德的思想,最终通过修昔底德来接近希腊人的心灵。我们编选了一个附有简短描述的演说辞列表,过去一百年来有关这些演说辞的学术研究著作的完整参考书目(并评论了以往研究所采取的方向)以及针对主题各个方面的一系列文章(我们希望这些文章阐明一些重要的相关议题与问题,说明一些用以研究修昔底德的可能观点或方法)。无论如何,这些论文都是以往未曾发表过的原创性研究,我们不但希望学者能够阅读这些论文,也希望更多的一般读者能够阅读它们。在希腊词语显得有必要的地方,它们都以拉丁化词语的形式被标示出来,引文也都得到翻译。各章作者的观点并不总是一致,这反而对我们来说是一个优点。至少,我们是诚实的,以表明人们对这个一直存在争议、拒绝被一劳永逸解决的主题,拥有持久的兴趣。这些论文并没有系统地覆盖每一部分,这或许也是一个优点:尽管我们认为修昔底德研究者会对这些内容感兴趣,但我们希望能说服他们

---

① *Encyclopedia Britannica*(《大英百科全书》),第 11 版,"Thucydides"词条。

② Paideia:The Ideals of Greek Culture(希腊文化的理想),trans. Gilbert Highet(New York,1945),1:392。

采用这里提出的一些方法或观点,将之用于研究修昔底德这部著作的其他部分。

这些论文其他独特的地方首先在于,它们并不孤立地处理演说辞,而是在演说辞的情境中以及它们与前后事件的关系中来进行分析。例如,斯塔尔(Hans Peter Stahl)尝试这样阅读修昔底德,即用叙事(narrative)来阐明演说辞中的思想,而不是用人们可能期待的其他方式。韦斯特雷克(H. D. Westlake)考察了以独特方式引入与总结演说辞的序言与后记,并将它们与特定情景联系起来。其次,同大多数修昔底德演说辞的研究者相比,我们已尝试在更加宽泛的范围内采纳那些在直接话语(direct discourse)中以引人注目方式呈现的演说辞,以及那些或长或短地被间接表述的演说辞。实际上,我们有意使"演说辞"的概念尽可能地宽泛。第三,尽管大多数重要的演说辞都只是被简略论及[例如,伊梅瓦(Henry Immerwahr)和斯塔特(Philip A. Stadter)都思考过伯利克勒斯的葬礼演说,[xi]罗毕舍克(A. E. Raubitschek)考察过雅典人在斯巴达的演说,汉孟德(N. G. L. Hammond)考察过赫默克拉底(Hermocrates)在革拉(Gela)的演说],但《战争志》还不曾有被忽略过的部分。由此,麦考伊(James McCoy)考察了第八卷间接陈述中的演说辞,而人们过去一般认为这一卷根本就没有演说辞!

无疑,我们不能简单地给修昔底德演说辞贴上"装饰物"的标签,认为它的意图在于使《战争志》更具可读性,或阐明事件参与者的个性特征。在偶然情况下,演说辞可能会带来这种效果,但从总体上来看,演说辞非常深奥,非常具有思想性,而且非常缺少个人色彩。我们把演说辞视为对当时问题的阐述呢,甚或还是把它们都视为修昔底德本人的评论?可以肯定的一点是,演说辞是修昔底德撰写史书之努力中的一个部分,他希望对那些试图理解各种事件的未来读者来说,这部史书能够派上用场。但是,修昔底德遵循了什么方法?这些演说辞与当时实际演说内容的关系是什么?为什么修昔底德有时将演说辞赋予特定的个人,有时将之赋予诸如"雅典人们""科林多人们"这样的群体?修昔底德如何选择发表演说辞的场合?在整部著作中,他对演说辞的运用是否有过变化(change)或更改(vary)?在这些论文的基础上,其中一些问题可以得到部分回答,另外一些问题则至少能够得到更加深入的理解。

在《战争志》序言末尾的一个著名段落中,修昔底德本人对演说辞作出评论(I,22)。为方便读者,我全文引述这个段落,采用克劳利(R. Crawley)最初于1874年出版的译文:

> 在这部历史著作中,我援引了一些演说辞,有些是在战争开始之前发表的,有些是在战争期间发表的;有些演说辞是我亲耳听到的,有些是通过各种渠道得到的。无论如何,单凭一个人的记忆是很难逐字逐句记载下来的。我的习惯是这样的:一方面使演说者说出我认为各种场合所要求说的话,另一方面当然要尽可能保持实际所讲的话的大意。在事件叙事方面,我绝不是一拿到什么材料就写下来,我甚至不敢相信自己的观察就一定可靠。我所记载的,一部分是根据我亲身的经历,一部分是根据其他目击其事的人向我提供的材料。这些材料的确凿性,我总是尽可能用最严格、最仔细的方法来检验的。然而,即使费尽了心力,真实情况也还是不容易获得:[xii]不同的目击者,对于同一个事件会有许多不同的说法,因为他们或者偏袒这一边,或者偏袒那一边,而记忆也不一定完全可靠。我这部没有奇闻逸事

的史著,读起来恐难引人入胜。但是,如果研究者想得到关于过去的正确知识,借以预见未来(因为在人类历史的进程中,未来虽然不一定是过去的重演,但同过去总是很相似的),从而认为我的著作是有用的,那么,我就心满意足了。我所撰写的著作不是为了迎合人们一时的兴趣,而是要作为千秋万世的瑰宝。①

初读这一段落,似乎就可以澄清修昔底德的做法,有助于读者的解释。事实上,它并不能让人满意。在这一段落的希腊原文中,一些关键词语的译法极不确定。被翻译为"就我而言,对它们所要求的东西"(what was in my opinion demanded of them)的句子,其希腊原文是"ta deonta",或许将之翻译成"基本要求"(the essentials)更加合适,因为后一个译法意识到了希腊人对人性的共同看法。按照这一看法,思想、行动和言辞可以根据人类可能性(human probability)得到预言。另一个比较难的短语在引文中被翻译为"他们真实所说的内容的一般性意义"(gnômês)。对此,罗毕舍克在论文中提出了一些看法。还有一些其他问题,比如同样存在争议的段落结构及它与前后段落之间的关系。尽管修昔底德这段评论有助于我们界定相关问题,但是对于全面理解这位史家的写作技艺来说,一种在阐释方面更加复杂的方法论是非常必需的。我们必须根据刚才引用的这段评论,对实际的演说辞(the actual speeches)及其语境,从它们本身以及它们与其他演说辞的关系来进行考察。本书各章表明,我们有可能得出一些具体的结论,并指出一些有充分根据的原则。我们

---

① [译注]转引自[古希腊]修昔底德,《伯罗奔尼撒战争志》,徐松岩、黄贤全译,广西:广西师范大学出版社,2004年。

提供的论文并不是永久的财物,而只是为在下一阶段阐述这位伟大的希腊史家之迷人与深奥心灵的一个贡献。

修昔底德笔下的演说:描述和列表

韦斯特三世(William C. West III)

[3]最早提供《战争志》演说辞列表的著作是贝拉斯(Blass)《阿提卡论辩》(*Die attische Beredsamkeit*,1868)的第一版。贝拉斯列出了 41 篇演说辞,虽然他并未将间接陈述(indirect discourse)中的那些演说辞收入其中,但其列表还是带来一些持久的影响。因为,在耶伯于 1880 年发表的论文中,41 篇演说辞这个数目再次出现于他的列表之中。贝拉斯和耶伯概括性地将这些演说辞归类为商谈型的(deliberative)、司法型的(judicial)和华丽型的(epideictic)三大类,①进而辑录了 1 篇华丽型演说辞[伯利克勒斯(Pericles)的 epitaphios],2 篇司法型演说辞[普拉特阿人(Plataean)与忒拜人(Theban)在普拉特阿法庭审讯中的演说辞,3.53-67],38 篇商谈型演说辞。他们还注意到两篇对话,即普拉特阿人与阿奇达姆斯(Archidamus)之间(2.71-74-)的对话以及米洛斯对话(the Melian dialogue),但这两篇没有被收入列表之中。一些演说辞被认为是"战前演说辞",但它们被收入那 38 篇商

---

① [译注]此处分类针对"公民大会""法庭"和"典礼"三类场合,实际上可以将之理解为"公民大会演说""法庭演说"和"典礼演说"。

谈型演说之中。

一个恰切的演说辞列表由什么构成,对这一问题的考虑,或许可以由此证明有关另一问题之思考的合理性,即一篇演说辞由什么构成。修昔底德运用一些互成对照的方法(the contrasting methods)来记录《战争志》之中的行动,这些方法的显著特征体现为演说辞与叙事。当口头交流描绘值得记录的重大行动之时,史学家则面对运用直接演说(direct speech)[4]还是间接陈述(indirect statement)来报道这些行动的可能性,因而深化了其中涉及的各种议题,并为读者提供了解读事件的手段。然而,我们根据相应结果来考察那些得到演说辞激励的行动,也是可能的。在这种情况下,史学家可以运用客观陈述[比如陈述如下内容]:进行了谈话,作出了决策,以及其他情节。有一些明显的事例,其中包括公民大会的法令(decrees of the assembly),一个人或一个团体劝说另一个人或团体的情形。口头交流的确有发生,但史学家关注的是口头交流的结果,而不是口头交流本身。考虑到这个差别,我认为演说辞可以被定义为,在直接话语中或间接陈述中,对任何一个特定场合中所作言说(或言说的实质内容)的报道。这个定义的意图在于,对演说辞与关乎某一事件之发生(该事件涉及运用对话)的叙事性陈述作出区分。然而,人们必须警惕,在缺少具体语境的情况下,会提出一个过于僵硬的定义。《战争志》第八卷向我们展示了有关定义的问题有多么复杂。但作为一个要发挥作用的假设(as a working hypothesis),这一定义至少具备这个优点,即将读者注意力引导至所使用过的词语以及用以影响事件过程的论述上来,让读者能够脱离叙事,把演说理解为一种自身就很重要的行动。

路施那特(Luschnat)(比较其参考文献37,第1146条及其后)呼吁人们注意,用以指涉《战争志》演说辞的商谈型、司法型和炫耀型三类范畴的含混性。公民大会上的演说与将军的战前动员演说,只有在它们关切听众对未来事件的态度的意义上,才都是商谈型的,而且它们之间的相似性也仅此而已。前者向大会提出建议,大会也许会接受,也许会拒绝,演说者的目的是说服。然而,在后者中,将军只需要激励军队就可以了。将军必须要以令人信服的方式,表达出"形势提出的要求",而不需要担心他的鼓励是否会被认可。因此,从方法着眼,将军的演说应该被认为是一种独特的类型。路施那特已经在专著中详尽地研究了这个主题(133)。

莫洛克斯(P. Moraux)(279)运用克里昂(Cleon)与狄奥多图斯在密提林(Mytilene)辩论中的演说辞,说明在对公民大会的商谈型演说辞进行分类时,作出更为准确的定义是可能的。[5]他认为,根据《亚历山大修辞学》(*Rhetorica ad Alexandrum*)作者描述的原则,一些术语展示了商谈型演说辞的结构,所以可以用这些术语来分析商谈型演说辞。克里昂的演说辞结合劝阻(dissuation, katêgorikos logos)和指控(accusation)的部分,就公民大会上的演说辞而言,这两个部分是适当的。克里昂劝阻大会不要撤销早先要处死密提林人的决定,接着激烈地指控密提林人背叛了雅典。狄奥德特首先批评克里昂的指控,接着从雅典人最佳利益的角度介绍形势所提出的要求。因此,首先是反驳性的(apotreptic),随后则是真正意义上的商谈性的。

罗米琳(Mme de Romilly)已经把注意力放在了叙事的扩展部分,那里并没有出现演说辞,但演说辞却是叙事的直接背景(比较其参考文献第69页,第21条及其后,参见6.96-7.9)。路施那特(37,纵行,第1163及其后)提出一个人们在《战争志》中所发现的不同类型演说辞的详尽表格。他引人注目地扩展了贝拉斯和耶伯的旧列表,按照直接演说与间接演说的线索,将口头言词(logoi)组织在一起,这些言词是一个人或一个群体向另一个人或另一个群体发表的。针对这种口语单位(such spoken units),他提供了六十多个相关的例子,但他的意图是想让这个目录成为《战争志》演说辞之类型的细致描绘,而不是一个本身就完全确定不移的列表。

我不可能宣称自己的列表全面。因为,以客观术语来区分演说和叙事不可行之处太多。但我力求在列表中收入这种情形中的所有例子(即《战争志》显得集中在演说的情形),但我通常把表明发表演说、作出决定等情节的简短叙事性陈述排除在外。由此,除了密提林对话,我还列出直接话语中的52篇演说辞、间接陈述中的85篇演说辞以及结合直接话语与间接陈述的3篇演说辞。① 因为,演讲的听众是重要的,他们也被相应地列出。

[6]当人们思考演说辞与听众的关系时,这一点变得显而易见,即这种关系是一种可以作出其他有用区分的领域。例如,修昔底德把演说辞成对地组合在一起,这种显著倾向出现在每一卷,尽管组合方式有一些有趣的变化。在公民大会上发表的演说辞是成对演说辞(paired speeches),它们容易被辨认出来。就它们而言,演说者不同,但听众一样,不同的演说者向听众发表演说,针对同一个主题,表达各自观点。单个地计算,第1卷有8对演说辞;在第2卷中,有1篇对话适于这个意图;第3卷有4对演说辞;第4卷有7对;第5卷

---

① 贝拉斯汇编的直接演说辞的列表包含的演说辞,要比我的少11篇。这个差异在于这个事实,即贝拉斯的列表不包括4篇简短的演说辞(1.53.2和4,1.87.2,1.139.3),2封信(1.128.7,1.129.3)和1篇对话[2.71-74(5篇演说辞)]。

有 3 对演说辞和 1 篇对话;第 6 卷有 14 对演说辞;第 7 卷有 4 对演说辞;第 8 卷有 4 对演说辞。①

然而,我们也可以区分出补充演说辞(complementary speeches),它们同针对相同主题与相同听众的成对演说辞形成对比。虽然补充演说辞是不同演说者向不同听众发表的,但是它们都针对同样一类话题。典型例子大致有:I. 120-124(科林多人向伯罗奔半岛人就需要对雅典人发动战争而发表的演说),I. 140-144(针对同斯巴达及其盟友即将到来的战争,伯利克勒斯向雅典人发表的第一次演说),2.11(针对战争所需资源及成功期望,阿奇达姆斯向斯巴达人发表的演说),以及 2. 13.2-9(在间接陈述中,伯利克勒斯针对雅典的资源所发表的演说)。在补充演说辞中,第 1 卷有 2 个例子,第 2 卷有 4 个,第 4 卷有 2 个,第 5 卷有 2 个,第 6 卷有 2 个,第 7 卷有 3 个。② 当然,我们在成对演说辞与补充演说辞之间所作的区分,强调的不是演说者,而是修昔底德安排演说辞,以产生最大效果的写作活动(literary activity)。

最后,还有一种情形,[7]即一些演说辞被组合在相同情景中:德忒米斯托克利的演说辞就是如此,它们位于间接陈

---

① 成对演说辞包括:第 1 卷(a)32-36,37-43(b)53.2,53.4(c)68-71,73-78,80-85,86[比较 87.2];第 2 卷 71-74;第 3 卷 (a)37-40,42-48(b)53-59,61-67;第 4 卷(a)17-20,21.3,22.1,22.2(b)97.2-4,98,99;第 5 卷(a)44.3-45.1,45.2-4,46(b)85-113;第 6 卷(a)9-14,16-18,19.1,20-23,25.1,25.2(b)33-34,36-40,41.2-4(c)47,48,49(d)76-80,82-87;第 7 卷 47.3-4,48,49(bis);第 8 卷(a)86.3,86.6-7(b)89.1,89.2。

② 补充演说辞包括:第 1 卷 120-124,140-144;第 2 卷(a)11,13.2-9(b)87,89;第 4 卷 10,11.4;第 5 卷 69.1,69.2;第 6 卷 68,72.2-5;第 7 卷 61-64,66-68,69.2。

述中，在 1. 90. 3 和 91. 4-7 处。第 1 篇演说辞是向雅典人发表的，它强调了希波战争之后重建城墙的需要，主要针对的是应该如何重建城墙。我认为，应该根据环形写作的短语（phrases of ring composition），来辨认公民大会上的演说活动（the activity of speech）：ekeleuen… mistokles 和 tauta didaxas，随后是 hupeipon tlla，表明与公开陈述（public statement）形成对比的私下评论（private remarks）。与之相似的另外一篇演说辞，是德忒米斯托克利在城墙重建之后向斯巴达人发表的。这篇演说辞强调了这一事实：因为这些城墙，雅典人和斯巴达人现在能够在旗鼓相当的地位上进行商谈。这两篇演说辞是同一个演说者向不同听众发表的，但是它们针对的主题是相同的：每一个城邦对雅典城墙所应持有的正确态度（the proper attitude of each city to the walls of athens）。

演说辞列表

	1.	31-44	雅典公民大会
1]		32-36	科基拉人的演说
2]		37-43	科林多人的演说
	1.	52-53	在西波塔（Sybota）的情报交流
3]		53. 3	科林多人的情报
4]		53. 4	雅典人的回复
	1.	67-68	伯罗奔半岛联盟在斯巴达的会议
5]		68-71	科林多人的演说
6]		73-78	雅典人的演说
7]		80-85. 2	阿奇达姆斯的演说
8]		86	斯忒涅莱达斯（Sthenelaidas）的演说

9]		87.2	斯忒涅莱达斯的提议
10]	1.	90.3	德忒米斯托克利在斯巴达的演说,间接陈述
11]	1.	91.4-7	德忒米斯托克利在斯巴达的演说,间接陈述
	1.	119-125.2	伯罗奔半岛联盟在斯巴达的会议
12]		120-124	科林多人的演说
13]	1.	128.7	泡塞尼阿斯(Pausanias)给克色尔克色斯(Xerxes)的信
14]	1.	129.3	克色尔克色斯给泡塞尼阿斯的信
15]	1.	136.4	德忒米斯托克利对莫罗索斯的阿德墨图斯(Admetus)的演说,间接陈述
16]	1.	137.2	德忒米斯托克利向一个船长说的话,间接陈述
17]	1.	137.4	德忒米斯托克利给阿塔克色尔克色斯(Artaxerxes)的信,直接和间接陈述
	1.	139.3-145	雅典公民大会
18]		139.3	斯巴达使节的演说
19]		140-144	伯利克勒斯的演说
	2.	2-6	忒拜人袭击普拉特阿(Platea)
20]		2.4	忒拜传令官的公告,间接陈述
21]		3.1	普拉特阿人的回应,间接陈述
22]		4.7	忒拜使团在普拉特阿所说的话,间接陈述

23]	5.5	普拉特阿传令官所说的话,间接陈述
	2. 10.2-11	伯罗奔半岛军队在地峡(Isthmus)召开的大会
24]	11	阿奇达姆斯的演说,间接陈述
	2. 13	雅典公民大会
25]	13.2-9	伯利克勒斯的演说,间接陈述
	2. 34-46	雅典的公共葬礼
26]	35-46	伯利克勒斯的葬礼演说
	2. 59.3-65.2	雅典公民大会
27]	60-64	伯利克勒斯的演说
	2. 71-74	斯巴达为进攻普拉特阿作准备
28]	71.2-4	普拉特阿人的演说
29]	72.1	阿奇达姆斯的演说
30]	72.2	普拉特阿使节的回复,间接陈述
31]	72.3	阿奇达姆斯的回复
32]	73.1	磋商,间接陈述
33]	73.2	送给普拉特阿人的情报,间接陈述
34]	74.1	普拉特阿人给阿奇达姆斯的回复,间接陈述
35]	74.2	阿奇达姆斯的回复

	2.	86-89	为里乌姆(Rhium)附近海战作准备
36]		87	斯巴达将军的演说,克涅姆斯(Cnemus)和伯拉西达(Brasidas)
37]		89	普弗米俄(Phormio)的演说
	3.	8-15	伯罗奔半岛人在奥林匹亚的会议
38]		9-14	密提林人的演说
	3.	29.2-31	伯罗奔半岛人在奥林匹亚厄瑞忒拉(Erythrae)领地的恩巴唐(Embatum)的会议
39]		30	艾利斯的特乌提阿普鲁斯(Teutiaplus)的演说
	3.	36-49.1	雅典公民大会
40]		37-40	克里昂的演说
41]		42-48	狄奥多图斯(Diodotus)的演说
	3.	52-68	对普拉特阿人的审判
42]		52.4	斯巴达法官的质询,间接陈述
43]		53-59	普拉特阿人的演说
44]		61-67	忒拜人的演说
45]		68.1	斯巴达法官的回应,间接陈述
	3.	113	安布拉基亚(Ambraciot)传令官和阿卡曼尼亚人(Acarmanians)及安菲洛奇亚人(Amphilochians)之间的情报交换
46]		113	对话和间接陈述

47]	4.	10	德摩斯提尼(Demosthenes)在斯法克特里亚(Sphacteria)向雅典军队发表的演说
48]	4.	11.4	伯拉西达对战船司令官和舵手的演说,间接陈述
	4.	16-22	雅典公民大会
49]		17-20	斯巴达人的演说
50]		21.3	克里昂的回复,间接陈述
51]		22.1	斯巴达使节的回复,间接陈述
52]		22.2	克里昂对斯巴达使节的演说,间接陈述
	4.	27-29.1	雅典公民大会
53]		27-28	尼基阿斯(Nicias)和克里昂之间的交流,间接陈述
54]		4.40.2	一个雅典盟友和一个斯巴达囚犯在雅典的谈话,间接陈述
55]		4.50.2	阿塔克色尔克色斯给斯巴达人的书信,间接陈述
	4.	58-65.2	位于革拉的西西里城邦公民大会
56]		59-64	赫默克拉底的演说
	4.	84-88	阿坎图斯(Acanthus)大会
57]		85-87	伯拉西达的演说

	4.	91-93.1	波俄提亚(Boeotian)军队在塔那格拉(Tanagra)的大会
58]		92	波俄塔尔克(Boeotarch)的帕贡达斯(Pagondas)的演说
59]		4.95	希波克拉底(Hippocrates)在狄里昂(Delium)对雅典人的演说
	4.	97.2-99	狄里昂战斗之后,雅典传令官和波俄提亚传令官的交流
60]		97.2-4	波俄提亚传令官的演说,间接陈述
61]		98	雅典人的回复,间接陈述
62]		99	波俄提亚人的回复,间接陈述
	4.	114.3-5	托伦涅(Torone)大会
63]		114.3-5	伯拉西达的演说,间接陈述
	4.	120.3	斯基奥涅(Scione)大会
64]		120.3	伯拉西达的演说,间接陈述
65]	4.	126	伯拉西达在林库斯(Lyncus)对伯罗奔半岛人的演说
66]	5.	9	伯拉西达在安菲波里斯(Amphipolis)的演说
67]	5.	27.2	科林多使节在阿尔戈斯(Argos)的建议,间接陈述
68]	5.	30.1	斯巴达使节在雅典的演说,间接陈述

	5.	44.2-46.3	雅典公民大会
69]		44.3-45.1	斯巴达使节的演说,间接陈述
70]		45.2-4	阿尔喀比亚德的演说,间接陈述
71]		46	尼基阿斯的演说,间接陈述
	5.	55.1	伯罗奔半岛人在曼提尼亚(Mantinea)的大会
72]		55.1	科林多的攸法米达斯(Euphamidas)的演说,间接陈述
73]	5.	60.2-3	伯罗奔半岛军队对阿吉斯(Agis)的批评,间接陈述
74]	5.	61.2	雅典使节在阿尔戈斯的演说,间接陈述
75]	5.	65.2	阿尔戈斯军队对将军的批评,间接陈述
	5.	69.1-2	将军在曼提尼亚的演说
76]		69.1	曼提尼亚人、阿吉乌斯(Argives)人和雅典人的演说,间接陈述
77]		69.2	斯巴达人的演说,间接陈述
78]	5.	85-113	米洛斯对话
	6.	8-26	雅典公民大会
79]		9-14	尼基阿斯的演说,间接陈述
80]		16-18	阿尔喀比亚德的演说
81]		19.1	勒翁提尼(Leontini)和塞吉斯塔(Segesta)使节的演说,间接陈述

82]		20-23	尼基阿斯的演说
83]		25.1	雅典人所说的话,间接陈述
84]		25.2	尼基阿斯的演说,间接陈述
	6.	32.3-41	叙拉古大会
85]		33-34	赫默克拉底的演说
86]		36-40	阿特纳哥拉斯(Athenagoras)的演说
87]		41.2-4	一位将军的演说
	6.	46.5-50.1	雅典将军在瑞吉昂(Rhegium)的会议
88]		47	尼基阿斯的演说,间接陈述
89]		48	阿尔喀比亚德的演说,间接陈述
90]		49	拉马库斯(Lamachus)的演说,间接陈述
91]	6.	68	尼基阿斯在叙拉古的演说
92]	6.	72.2-5	赫默克拉底在叙拉古的演说,间接陈述
	6.	75.3-88	卡马瑞纳(Camarina)大会
93]		76-80	赫默克拉底的演说
94]		82-87	攸菲姆斯(Euphemus)的演说
	6.	88.9-93	斯巴达大会
95]		89-92	阿尔喀比亚德的演说
96]	7.	5.3-4	巨利浦斯(Gylippus)在叙拉古的演说,间接陈述

	7.	10-15.2	雅典公民大会
97]		11-15	尼基阿斯来信
	7.	47-49	将军在厄庇波拉（Epipolae）召开的委员会
98]		47.3-4	德莫斯蒂尼的演说,间接陈述
99]		48	尼基阿斯的演说,间接陈述
100]		49	他们两人对各种建议的回应,间接陈述
	7.	60.5-69.2	叙拉古港口之战前的演说
101]		61-64	尼基阿斯的演说,
102]		66-68	巨利浦斯和叙拉古将军的演说
103]		69.2	尼基阿斯的演说,间接陈述
104]	7.	77	尼基阿斯在叙拉古对雅典生还者的演说
105]	8.	12	阿尔喀比亚德（Alcibiades）对斯巴达长官的建议,间接陈述
106]	8.	14.2	阿尔喀比亚德和卡尔基丢斯（Chalcideus）在开俄斯（Chios）的演说,间接陈述
107]	8.	27.1-5	弗瑞尼库斯（Phrynichus）对其他将军的演说,间接陈述
108]	8.	32.3	阿斯图俄库斯（Astyochus）对吉安人（Chians）以及佩达里图斯（Pedaritus）的演说,间接陈述

109]	8.	40.1-3	吉安人和佩达里图斯对阿斯图俄库斯的演说,间接陈述
110]	8.	41.3	克尼迪阿人(Cnidians)给阿斯图俄库斯的建议,间接陈述
111]	8.	43.2-4	伯罗奔半岛将军对提萨斐墨斯(Tissaphernes)的批评,间接陈述
112]	8.	45.1	斯巴达人给阿斯图俄库斯的信,间接陈述
113]	8.	45.2-3	阿尔喀比亚德给提萨斐墨斯的建议,间接陈述
114]	8.	45.4-6	阿尔喀比亚德给岛屿城邦的建议,间接陈述
115]	8.	46	阿尔喀比亚德给提萨斐墨斯的建议,间接陈述
116]	8.	48.4-7	弗瑞尼库斯斯对阿尔喀比亚德的批评,间接陈述
117]	8.	50.2	弗瑞尼库斯斯给阿斯图俄库斯的信,间接陈述
118]	8.	52	阿尔喀比亚德给提萨斐墨斯的建议,间接陈述
119]	8.	53	皮山大(Pisander)在雅典公民大会的演说,间接陈述和直接话语
120]	8.	55.2	色诺芬提达(Xenophantidas)给罗德岛人(Rhodians)的报告,间接陈述

121]	8.	56.4	阿尔喀比亚德提出提萨斐墨斯对雅典人的要求,间接陈述
122]	8.	63.4	雅典寡头们在萨摩斯(Samos)的磋商,间接陈述
123]	8.	65.3	公众对雅典寡头们的要求,间接陈述
124]	8.	67.1	皮桑德在雅典公民大会上的提议,间接陈述
125]	8.	73.4	萨摩斯人向里昂(Leon)、狄俄墨顿(Diomedon)、忒拉绪布鲁斯(Thrasybulus)和忒拉绪鲁斯(Thrasylus)的求情,叙事和间接陈述
126]	8.	74.3	卡厄瑞阿斯(Chaereas)在萨摩斯对士兵的演说,间接陈述
127]	8.	76.2-7	雅典士兵在萨摩斯的讨论,间接陈述
128]	8.	78	伯罗奔半岛舰队对阿斯图俄库斯和提萨斐墨斯的抱怨,间接陈述
129]	8.	81.2	阿尔喀比亚德在萨摩斯对士兵的演说,间接陈述
	8.	86	得洛斯大会(Assembly at Delos)
130]		86.3	雅典寡头特使演说,叙事和间接陈述
131]		86.7	阿尔喀比亚德的演说,间接陈述
132]	8.	89.1	在雅典公民大会中,雅典派驻萨摩斯使节的演说,间接陈述

133]	8.	89.2	雅典寡头在雅典公民大会的演说,叙事和间接陈述
134]	8.	90.3	忒拉墨涅斯(Theramenes)及其支持者的私下评论(比较92.2),间接陈述
135]	8.	91.1-2	忒拉墨涅斯及其支持者的私下评论(比较92.2),间接陈述
136]	8.	92.2-4	对忒拉墨涅斯和其他人的指控,叙事和间接陈述
137]	8.	92.6	忒拉墨涅斯对四百人会议的回复,叙事和间接陈述
138]	8.	92.9-11	雅典重装步兵与忒拉墨涅斯之间的对话,间接陈述
139]	8.	93.2-3	四百人会议中一些人对一些雅典重装步兵所说的话,间接陈述
140]	8.	98.3	阿里斯塔库斯(Aristarchus)在俄厄诺厄(Oenoe)对雅典驻军所说的话,间接陈述
141]	8.	108.1	阿尔喀比亚德对雅典人所说的话,间接陈述

权力病理学和修昔底德笔下的演说

伊梅瓦(Henry R. Immerwah)

[16]修昔底德的演说辞往往被视为独立的政论,读者可以从中理解在伯罗奔半岛战争志中(如果不是在一般意义的历史中)发挥作用的各方力量。与以往相比,演说辞与叙事之间的联系近来已经得到了更多地强调,但是这种强调让一些学者把演说辞仅理解为是叙事要素。我相信这些观点都不对,而且我认为演说辞既是战争故事(the story of the war)的一部分,又构成战争故事的补充。在下文中,我将把演说辞置于一个整体模式中,因为《战争志》是在权力病理学这一主题的基础上建构起来的,而修昔底德在这部著作的序言中提出这一主题,并在其余部分对之进行了深入描述。对于修昔底德来说,政治权力在伯罗奔半岛战争过程中经历的变化就是恶化的表征(the indicative of deterioration),如同在疾病之中那样。而且这一恶化的重要症状就是权力施加的苦难(the suffering)。读者可以首先将"病理学"当做是对"权力之腐化的一种解释",其次再将"病理学"看作是对"苦难的陈述"(account of suffering)。

一

尽管修昔底德的作品洋洋洒洒、格局宏大,但它并未完成,这一点不仅在作品结尾处,[17]而且也在文中若干地方显而易见。因此,[在一些人看来,]概念统一性成为一个特殊问题。在《修昔底德的雅典帝国主义》一书中,罗米琳已敏锐地对这个疑虑提出了批评:根据她的理解,在写作过程中,修昔底德对帝国主义观念的阐述是前后一致的。① 我将采取一个略有不同的思路,探究《战争志》序言是否为作品统一性问题提供了线索。我认为,有关《战争志》的写作问题不会从根本上不利于我所要探询的问题,因为一位作家终其一生坚持同一个观念是有可能的。即便《战争志》是由一系列独立的作品组成,我们仍然可以探究,它们究竟在多大程度上相互一致、没有矛盾。

然而,我首先要说明,第 1 卷从第 1 章到第 23 章构成一个完整的序言。② 这一推断的证据由两个部分组成。首先,这些章节处理了可以从修昔底德前人与后人的历史著作之序言中找到的某些标准话题。在给出姓名和作品主题之后,

---

① J. de Romilly, *Thucydides and Athenian Imperialism*(《修昔底德和雅典帝国主义》), trans. P. Tody, Oxford, 1963。

② 关于序言,参见 A. W. Gomme, *A Historical Commentary on Thucydides*(《修昔底德战争志笺注》), Oxford, 1945, 1: 154-157; O. Luschnat, "Thukydides" 词条,见 Pauly-Wissowa-Kroll, *Real-Encyclopôdie der klassischen Altertumswissenschaft*(《古典学百科全书》), suppl. 12 (1970), passim; H. Patzer, *Das Problem der Geschichtsschreibung des Thukydides und die Thukydideische Frage*(《修昔底德的纪事问题与修昔底德的探问》), Berlin, 1937, 页 1-79。同时参见下一注释。

修昔底德通过说明他在战争爆发之时就开始写作,来表明他作为一名历史学家的资格。希罗多德声称他的作品以历史(historiê)为基础,与之相反,修昔底德则声称自己是一位当代历史学家。接下来,修昔底德宣称伯罗奔半岛战争是一场比以往所有战争都更加伟大的战争,而我们比较熟悉的一个比较是,希罗多德对波斯战争与它之前一些战争的比较(Hdt. 7. 20)。在序言最后,修昔底德点明冲突之开端(希罗多德则从克鲁索斯开始),并确定冲突之开端的原因。非常重要的一点是,我们要认识到,这些话题完全因袭了传统。

序言完整性的第二个证据是形式方面的。有关当时伟大战争的陈述带来一个离题话(a digression),修昔底德在其中将以往的军事活动与伯罗奔半岛战争进行了比较,这就是所谓的考古学(Archaeology)。① 最后,[18]在关于方法论的章节中(I. 20-22),修昔底德将以下两个方面结合起来:其一,他对目前战争重要性的重申;其二,他通过表明作为一位当代历史学家所具有的准确性,为自己的权威性辩护。他之所以能够做到这一点,主要是通过把有关战争的叙述,与共同构成史学方法之广泛批评的那些部分(其中包括他对待如何分析战争中演说与事件的著名区分)(1.22)混合起来。②

因此,《战争志》序言的主旨是伯罗奔半岛战争的伟大。为了说明这一点,修昔底德提出一个什么构成这种伟大的全新定义。《考古学》阐述了希腊地区的尤其是斯巴达的以及

---

① N. G. L. Hammond, *The Composition of Thucydides'History*(《修昔底德〈战争志〉的写作》), *Classical Quarterly*(《古典季刊》), 34(1940): 146, 以及 46(1952): 127-141。

② H. R. Immerwahr, *Ergon: History as a Monument in Herodotus and Thucydides*(《行动: 希罗多德与修昔底德著作中作为丰碑的纪事》), *American Journal of Philology*(《美国语文学期刊》), 81(1960): 278。

雅典海军力量的权力增长(dynamis),并将权力增长作为主题。因此,[修昔底德的]主题不是帝国主义,而是帝国主义背后的权力。关于促成权力集中的因素,《考古学》提供了一些说明:肥沃的土壤(1.2.4),大量涌入的商业资本(1.15.1等),以及各种赢得了胜利的战争(1.15.2)。在某种程度上,这一分析承认历史方面的差异:斯巴达早期的权力,皆因其政体(1.18.1);僭主们的政策在总体上阻碍了权力增长(1.17.I)。肥沃土地的匮乏和被异邦征服能够限制权力发展。但一般来说,权力增长的基础是同航海发展相关的某种周期性出现的现象。权力运用的结果是资源集中与文明扩展。权力能够使人们采取一致行动,并使人们相互交融混杂(1.15)。权力最为突出的特点是,它带来持续不间断的人类活动。例如,早期人口向阿提卡的迁徙(1.2.6),作为权力原始形式的海盗活动(I.5),为获胜方集中前所未有与更多权力的大规模战争。① 修昔底德将权力视为一种在前进过程中自我孕育、自我保持和自我增强的强力(force)。在修昔底德的时代,权力被看作是一种进步力量,这样的权力概念在希腊思想中是新颖的。我们只举一个例子,例如,在希罗多德看来,[19]权力的特性是静态的,它是财富的一个方面,不会自动地导致行动(action),②而在修昔底德那里,财富(peri-ousia chrêmatôn)变成一种准备(paraskeuê),即为了自我保存

---

① 关于序言中权力之增长的主题,同时参见 J. de Romilly, *Histoire et raison chez Thucydide*(《修昔底德的历史和理性》),Paris,1956,页 261 ff. Cf. in general A. G. Woodhead, *Thucydides on the Nature of power*(《修昔底德论权力本质》),Cambridge, Mass. ,1970,页 37 ff。

② H. R. Immerwahr, *Form and Thought in Herodotus*(《希罗多德的形式和思想》),American Philological Association, Monograph 23, Cleveland,1966,页 206-820。

或进一步扩张的各种行动所做的准备。反过来,这些行动在资源的运用之中,尤其是在战争中,形成经验(empeiria)。当权力的发展(the progress of power)与其他权力来源发生冲突(它需要将后者同化吸收,否则它自身会遭到削弱或破坏)之时,实践智慧就会试图凭借经验来控制权力的发展。

我们可以对于《考古学》描述的权力(dynamis)进行更加深入地分析。在权力的定义之中,有一些含混之处,因为在定义中,权力既可以被视为一个具体现象——在这个意义上,我们可以认为军队就是一种权力——它也可以被视为现象背后的抽象力量,如同导致苹果下落的重力。在权力的具体表现与心灵活动(或 polypragmosynê,即权力的心理方面)之间,也存在相似的含混之处。正确的看法是:权力既是具体的,也是抽象的,既具有事实性(factual),也具有心理性(psychological)。已故的帕里(Adam Parry)曾在尚未出版的博士论文中提出,修昔底德的写作始终遵循着理性能力(logos)和外部世界(ergon)这样的对照(the antithesis)。① 然而,我们有必要为帕里的方案引入一个更进一步的对照,因为修昔底德的心理学(Thucydidean psychology)认识到心灵的两个方面,即实践理性(logos)和情感[我们找到了很多术语来表达它,如 orgê、tolma、phobos,但最为宽泛的术语是 anthrôpeia physis(人性)]。在《战争志》中,anthrôpeia physis 所指代的

---

① A. M. Parry, *Logos and Ergon in Thucydides*(《修昔底德著作中的理性与行动》)(Ph. d. diss. , Harvard University, 1957)。For a similar antithesis, gnômê-tychê, see Schmid-Stôhlin, *Geschichte der griechischen Literatur*(《希腊文学史》)1, 5, (Munich, 1948):31。

只是人身上的非理性因素。① 现在,从根本上来说,似乎具有重要性的是,dynamis 不仅限于这三个领域其中之一,即 logos,[20]anthrôpeia physis 以及 ergon,而是共同属于这三个领域。首先,dynamis 是一种心灵控制外部环境的企图,而通过理性能力(logos)考量资源、准备军队、筹划战争的战略和战术,dynamis 的控制才得以实现。但是权力也通过情感发挥作用,权力在情感中激起强烈的献身精神,修昔底德将之称为爱(erôs),而我们可以将之称为爱国主义(patriotism)。② 这种献身精神表现在大胆与不安定的行动中(polypragmosynê),以及对其他权力的恐惧中。无论在理性方面,还是在非理性方面,dynamis 都是对抗敌人以及机遇王国(realm of tychê,chance)获得安全的手段。同时,权力也以一种具体因素的面目而出现,例如金钱、军队以及更一般意义上的帝国(empire,archê)。由此,显而易见的一点是,我们在 dynamis 的概念之中,而非在帝国主义的现象之中,找到了《战争志》的主要与统一的主题,而这部著作所有其他部分都

---

① See 1.76.2;3.45;3.82.2(cf. perhaps 1.22.4);somewhat differently 5.105.1-2。The different concept in 3.84.2 is not Thucydidean. In general, see P. Shorey, *Transactions of the American philological Association*(《美国语文学会学报》),24 (1893):66 ff.;W. Jaeger, *Paideia*,² trans. G. Highet (Oxford, 1945), 1:389 and 485, note 21;J. H. Finley, *Thucydides*(《修昔底德》),Cambridge, Mass.,1947,页 54 ff.;K. von Fritz, *Die griechische Geschichtsschreibung*(《希腊的纪事》),Berlin,1967, 1:545 ff. and 807。

② Erôs in Thucydides:6.24.3(narrative),cf. 6.13(Nicias)。2.43.1(Funeral Oration),3.45.5(speech of Diodotus)。F. M. Cornford, *Thucydides Mythistoricus*(《修昔底德——历史与神话之间》),London,1907,页 201-220。[译注]该书已有中译本,康福德,《修昔底德——历史与神话之间》,孙艳萍译,上海:上海三联书店,2006。

以某种方式与这一主题相关。

回到序言,正如我们已经交代过的,修昔底德对权力进行的分析,其意图在于充实与证实伯罗奔半岛战争的伟大。权力与战争之所以紧密地联系在一起,是由于人们渴望安全(phobos)、渴望扩张(pleonexia)以及更为普遍的"必然性"(anankê)。"必然性"意味着在权力政治中,一种机制从敌对各方之间关系中发展起来,它常常会导致战争,尽管不是自动地导致战争。① 在序言中,修昔底德对伯罗奔半岛战争的伟大作了很多叙述。在第1章中,他说,在战争开始时,参战各方投入的资源比以往的战争都更多,加入这一方或那一方的希腊城邦导致了这场伟大的运动。在考古学结尾处(1.19),修昔底德重述了[战争]准备(paraskeuê)的伟大。在有关方法的章节中(1.20-1.22),修昔底德宣称,[21]从这些事实(ta erga)本身来看,这种伟大显而易见。但是,在随后一章中(1.23),当修昔底德说这场战争在持续时间上不同于波斯战争,它比以往的战争造成更多的苦难之时,他引入了两个全新的观念。这一章的难点众所周知,因为这一章引入一个完全不同的视角,它与前面章节的联系非常薄弱。已经有

---

① 关于修昔底德对历史必然性(并不具有绝对性),参见 J. de Romilly, *La notion de nécessité dans l'histoire de Thucydide*(《修昔底德〈战争志〉中的必然性观念》), *Science et Conscience de la Société*(《科学与社会良心》), *Mélanges Raymond Aron*(《雷蒙·阿隆文集》), Paris, 1971, 1: 109-128, especially 124 ff.。不同的,但我认为是错的观点,参见 D. Grene, *Man in his Pride*(《骄傲的人》), Chicago, 1950, 作为 *Greek Political Theory*(《希腊政治理论》)再发行, Chicago, 1965, 页 56-79, and D. Kagan, *The Outbreak of the Peloponesian War*(《伯罗奔半岛战争的爆发》), Ithaca, 1969, 页 357-374。

学者认为,这一章是较为早期的序言的组成部分。①

然而,本文下列一些思考认为,序言具有作为整体的统一性。首先,第1章和第10章中的一些陈述,所指的是战争爆发时的形势,而非战争本身,而且有关方法的章节没有解释究竟是什么事件让这场战争如此伟大。第23章第一次提供给我们具体细节。其次,修昔底德原本无法主张伯罗奔半岛战争创造了比波斯战争更加伟大的行动(deeds),但他通过转移评判依据(ground),用持续时间与苦难(pathêmata)取代伟大的行动,从而回应了波斯战争是最伟大的这一主张。有关序言统一性的第三个论证来自于苦难和权力概念之间的关联,尽管这一关联未曾被明言,但它却显而易见。伯罗奔半岛战争之所以持续很久,部分地是因为交战双方为战争所作准备的规模非常巨大,尤其是雅典在金钱和战舰上的储备。这些准备能够让伯利克勒斯筹划一场能持续一定时间的战争。但是,这场战争之所以持续很久,其主要原因在于非理性的因素,即雅典人对战败所导致的诸种结局的恐惧以及雅典在伯利克勒斯死去之后的扩张。必须承认的是,在序言中权力和战争持续时间之间的关联并没有得到清楚阐述,而只是通过分析著作本身,它才变得清晰可见。而且,在第23章,修昔底德说,伯罗奔半岛战争中的不幸不仅仅是因为战争的持续时间,而且还因为战争持续中密集的灾难事件。灾难之所以频繁密集,主要有两个原因:首先是交战各方针对外部敌人与内部敌人展开的行动,其次是不可预见的自然

---

① E. Schwartz, *Das Geschichtswerk des Thukydides*(《修昔底德的纪事作品》), Munich, 1929, reprinted Hildesheim, 1960, 页170-175。Luschnat, "Thukydides"词条, cols. 1201-1204。

现象,如瘟疫。① 由此,[我们可以看到]苦难如此之多,[22]其部分原因来自于交战各方的权力。从对著作的分析之中,这一点也将会变得清晰可见。

二

现在,我将简短地描述著作正文的一些特征,以证实我提出的观点,即序言表明著作的首要主题位于权力和苦难的关系之中。在此,起初一看,似乎是叙事而非演说辞提供了更有说服力的证据。正如斯塔尔教授说明过的那样,叙事部分频繁地强调事件的非理性性质以及人们面对事件之时的无助。② 这种非理性性质体现在一些对具有决定性意义事件的叙事之中,例如雅典的瘟疫、狄里昂之战、皮洛斯(Pylos)事件和西西里的一些事件。在一些对战争结果并没有产生决定性影响的事件之戏剧性发展中,这种非理性性质甚至体现得更为明显。这里只需提及一些最为显著的例子,例如米提列涅(Mytilenean)事件,普拉提那人的故事以及科基拉和米洛斯的一些事件。修昔底德甚至夸张地叙述了一些只与小

---

① 对苦难之自然原因的强调同权力概念并没有直接关系,这一点必须被承认。已经有人主张,自然因素是由于修辞扩展的原因,由此表明序言写作时期比较早,参见 Luschnat, "Thucydides"词条。然而,机遇的影响(自然灾害是其中一部分)在著作中非常显而易见。在1.23处,修昔底德以虚掩的方式说明了最早的灾难(瘟疫)。在《伊利亚特》(Iliad)和《奥德赛》(Odyssey)中,也是在序言中提到的诗歌中最早的事件。

② 斯塔尔(Stahl), *Thukydides: die Stellung des Menschen im geschichtlichen Prozess*(《修昔底德:人在历史进程中的位置》), Zetemata 40, Munich, 1966。

城邦有关的事件,而这些事件对读者的影响纯粹是情感方面的。这时,立刻浮现于我们脑海之中的事件是,色雷斯雇佣军在波俄提亚(Boeotia)摧毁了米卡列斯(Mycalessus)(7.29-30)。在所有这些戏剧性的写作之中,无论这些写作是否表现了受到不可控的形势或被交战各方误解的形势之影响的力量,以及无论这些写作是否表现了力量之结果或偶然事件对弱势一方的影响,我们都可以认为,其中存在一个共同的人道主义因素。这个人道主义因素经由写作方面的技术手法得以表达,我在其他地方将这种技术手法称之为"悲悯陈述"(pathos statements)。也就是说,对事件的解说总是以这样一段评论结尾,即某些情况是此类不幸之极致者。[1] 由此,权力除了在政治领域中产生影响,[23]还具有人性方面的悲剧意义。从这个意义上来说,修昔底德确实在叙事中刻画出一幅人类处境的绝望图景。

那么,演说辞如何符合叙事创造出的这幅图景?从第1卷第22章中,可以清楚看到,在修昔底德的解说中,演说辞至少具有与叙事相同的重要性。在下文中,我将主张,就权力政治而言,演说辞并不单纯是叙事因素,它在著作中有四种不同功能:(1)演说辞对《战争志》主要观念提供了一种理性分析,其中包括对权力的分析(与序言中提出的观念基本一致)。(2)演说辞描述了对权力的非理性献身。(3)演说辞为思想观念与战争中个人行动之间的关系提供了大量的说明(正如演说者所见)。(4)演说辞总是同它们作为其中一个部分的场景以及同著作其余部分,处于一种戏剧性关系之中。我省略了第五点,即演说辞可能反映了演说者本人的实际言辞:在此,我想忽略这个问题,除了要表明在我看来演说辞的

---

[1] Immerwahr, "Ergon," p. 284。

戏剧功能和思想功能同其真实性并不相互排斥。对演说辞中权力概念的分析,可以被用来作为一个试验案例,以展示我们如何在一般意义上解读演说辞。

第1卷的第一组演说辞,从一种政治的、心理的以及具体的意义上,对权力的不同方面进行了充分与全面地分析。这一组演说辞包括科基拉人的演说、科林多人的第一篇演说和雅典人在斯巴达的演说。需要说明的是,我对演说辞的分类,并不是根据它们的场景。这些演说辞表达出的内容,可以被我们称之为哲学真实(philosophical truth)(这些真实在不同情况下适应不同的环境),这一事实说明交战各方是在对权力本质有透彻认识的情况下参加战争的(这一认识与修昔底德本人的认识相似)。修昔底德认为演说者对权力的分析与作者([译注]修昔底德自己)相同,学者经常为这一点感到困扰,不过,修昔底德并没有把他的看法理解为仅是自己的个别看法,而是将之理解为那个时期人们持有的共同观念,实际上理解为人类心灵在面对某种情景时会自然形成的观念。当权力影响同盟之时,科基拉人的演说(1.32-36)[24]在某种程度上所针对的就是权力问题。雅典和科基拉结盟的主要好处是,雅典的海上权力会在即将到来的战争中大大增强。此外,科基拉在通向西西里和意大利的海岸要道上处于便利位置。雅典人接受了这两个观点,进而在正确估计形势的基础之上,决定同科基拉结成防御同盟。一定不能忽视这两点([译注]即结盟的两个好处),即便后来事实证明,雅典人错误地相信他们可以避免与科林多发生直接冲突。

科林多人的第一篇演说辞(1.68-71)和雅典人在斯巴达的演说辞(1.73-78)的共同意图是恐吓斯巴达人:科林多人希望通过恐吓,以怂恿斯巴达参战;雅典人希望通过恐吓,以制止斯巴达人参战。科林多人把斯巴达人的安于现状

(hêsychia)和雅典人的冒险进取(polypragnosynê)进行了对比（人们通过 polypragnosynê，雅典人可被称作是"超出其自身力量"的鲁莽），这一对比以修昔底德将权力看作是一种行动的定义为基础。不过，对权力所作的主要分析是在雅典人的演说辞中找到的。① 这篇演说辞从雄辩术的华丽风格中(the epideictic genre of oratory)借用了大量话题：雅典人之所以值得被称颂[他们的城邦是 axia logou（值得称颂），1.73.1]，是因为他们在波斯战争中的丰功伟绩，以及雅典是当之无愧的帝国。对帝国主义的辩护是对称颂主题的发展。恐惧、荣誉和自我利益是创建帝国的三种动机。在这三种动机中，恐惧和自我利益是权力实践(the exercise of power)中的基本因素。在此，这些力量（[译注]即恐惧、荣誉和自我利益三种动机的力量）被描述成非理性的，因为雅典人宣称自己被这些力量"击败"(nikêthentes, 1.76.2)，因为这些力量与强者必定统治弱者的自然法则有关系。但是，权力政治的非理性基础带来一个理性分析，即对作为权力具体体现的帝国的理性分析。从修昔底德本人在考古学中对帝国的分析中，应该可以清楚地看到前述分析是正确的。然而，演说并没有达到预期效果，因为斯巴达人的反应纯粹是情感性的，正如斯忒涅莱达斯的简短演说所表现的，斯巴达人还是决定参加战争。真理并没能战胜斯巴达对雅典日益增强的权力的恐惧。这或许是著作悲剧维度的第一个暗示。但是，除了直接的戏剧功能之外，[25]演说辞还有一项思想功能，因为它加深了对雅典所持立场的理解。② 由此，我们必须把对雅典人的称颂看

---

① 罗毕舍克教授在本文集的相关论文中全面地分析了雅典人演说辞。

② 不同的观点，参见斯塔尔，*Thukydides*（《修昔底德》），页 43-50。

作著作的有效特征(a valid feature of the work)而加以接受。理性在这个世界上是虚弱无力的,雅典人不是唯一事例。

这些演说辞提供的定义,适合它们在《战争志》开篇处的所处位置。当我们更进一步考察战争爆发时,第二组演说辞(再次不是在一个单独场景中发表的)分析的是一旦战争爆发时所要出现的形势。从这个角度来看,我们可以把阿奇达姆斯的演说、科林多人的第二篇演说和伯利克勒斯的第一篇演说归类成一组。在阻止斯巴达人宣战的徒劳无益的企图之中,阿奇达姆斯(1.80-86)质疑了斯巴达人发动持久战争的能力。科林多人(1.120-124)和伯利克勒斯(1.140.144)描述了交战各方权力的具体因素,即他们各自的准备(paraskeuê)。科林多人错误地描述了伯罗奔半岛人的权力,伯利克勒斯则对之作出了真实的描述。演说者们都有相同的目标,即劝说听众接受战争,无论是真实的描述还是错误的描述都显得有效。尽管这三篇演说辞各有不同的意图,但它们都始终如一地分析了战争准备(paraskeuê)。提供了由各篇演说辞的相互参照而得到加强的一幅图景。这些相互参照之所以可能,是出于修昔底德的原则,即演说者们会说出 ta deonta(场景要求说出的话),即情景要求他们说出的话(无论是从他们自己的观点来看,还是从修昔底德本人的观点来看)。大体上,我们在第 1 卷中有两组表现了交战各方之逻格斯或理性能力的演说辞,以及交战各方对即将到来的战争之原因和性质有透彻的理解。虽然交战各方的认识与修昔底德对权力政治的理解并不完全相同,但却非常相似。

随着第 2 卷的开始,我们看到战争的爆发以及一幅人们此刻对战争所抱热情的情感画面。此外,战争的非理性方面从一开始就被人们感受到,尤其是在忒拜人进攻普拉特阿(斯塔尔教授对此有精彩分析)①以及瘟疫出现之时。但是,如果我们从这些解释中得出结论,[26]认为交战各方,尤其是雅典,对于战争可能具有的过程处于一种无知状态,那么就会出现一个同葬礼演说与伯利克勒斯的最后一篇演说(人们通常将这两篇演说辞解释成修昔底德对伯利克勒斯时期雅典的称颂)有关的严重问题。在最近一部有关葬礼演说的著作中,弗拉舍尔(Hellmut Flashar)从那个认为演说辞隶属于叙事的观点中,②得出一个富有逻辑的结论。弗拉舍尔主张,因为演说辞写于公元前404年雅典战败之后,对雅典的称颂仅只具有反讽意义(be ironical),当读者将演说辞与叙事尤其与对瘟疫的记述进行比较时,他一定会意识到这一点。在第2卷,伯利克勒斯在所有演说中都要求雅典人全心全意献身于权力政治,修昔底德[实际上]是在反讽意义上运用伯利克勒斯提出的这一要求,因为后来的事件结果证明这一要求是错误的。

我认为这种解释是一个严重错误,因为它否认称颂部分与理性论证部分有利于一种纯粹的戏剧分析。因为,有关葬礼演说的此种观点将会影响我们对修昔底德所持意图的整体认识,所以我将会更为细致地讨论葬礼演说,以说明[这些问题]:葬礼演说除了具有戏剧功能之外,它还包括真正意义上的修昔底德的理性分析,描述了对于权力的非理性献身,并说明了这些思想认知(these intellectual perceptions)如何与战争开端产生联系。

---

① 前揭,页65-74。

② H. Flashar, *Der Epitaphios des Perikles: seine Funktion im Geschichtswerk des Thukydides*(《伯利克勒斯的葬礼演说:在修昔底德著作中的功用》),Heidelberger Akademie der Wissenschaften, Sitzungsberichte, Philos. -Histor. Klasse, 1969, Abhandlung 1, Heidelberg, 1969。

葬礼演说遵循了在修昔底德写作之前就已形成的雅典葬礼演说传统(我们必须如此设想),因为此篇演说辞的总体规划同那些与此篇葬礼演说无关的、后来流传给我们的演说辞相一致。与第 1 卷中雅典人演说辞一样,传统的华丽话题(the conventional epideictic topics)拥有某种说服力量。然而,人们可能认为,可以通过欧里庇得斯的方式在反讽意义上运用这些传统模式。但正如我在其他地方提到的,葬礼演说以接近修昔底德本人思想的方式偏离了传统模式。① [27]我们只需提及几个例子:伯利克勒斯本人主要关心的是当下(the present)而不是过去(the past),他称颂的是态度(attitudes)而非功业(deeds),他表现出了理智方面的自豪(这正是修昔底德本人的特征)。对传统模式的思想调整迫使读者要把演说辞看作是超出传统沙文主义的东西(something more than conventional jingoism)而加以接受。在对个别公民从民主政体中所得好处的相关描述中,在共同体与个人之间、辩论与行动之间建立起来的纽带中,以及在具有适应能力的个人(其勇气就是对情景所提要求的认识)的相关定义中(2.43.1),都有理性因素存在。从称颂民主政体到称颂帝国主义的转向也是合乎逻辑的,因为在公元前 5 世纪的思想中,民主政体在本质上就是帝国式的民主政体(im-

---

① Immerwahr,"Ergon,"页 284ff。

perial democracy)。① 因为自由不是一种人类权利,而是通过争斗得到的利益(an acquired benefit),所以自由只有在得到权力支持时才会存在。由此,伯利克勒斯要求公民要"热爱"(fall in love)他们强大的城邦:tên tês poleôs dynamin kath' hêmeran theômenous kai erasta gignomenous autês[凝视城邦的伟大,并深深爱上她(2.43.1)]。词语"erasta"肯定会引起人们的不安,因为词语"erôs"是僭主们的特征。② 然而,在情感方面献身权力是危险的,但也是不可避免的,正如伯利克勒斯在最后一次演说中所指出的那样(在这次演说中,他把帝国称作为一种不可能被消灭的僭政)。这种献身涉及这一承认,即权力在未来将会走向终结:panta gar pephyke kai elassousthai[因为万物依其自然都要消亡],也正像伯利克勒斯在最后一篇演说中所说的(2.64.3)。在这两篇演说辞中,献身权力是作为一种英雄态度(虽然说不上是荷马式的)而被分析的。尽管这种态度与战争现实发生冲突,但这并不意味着雅典人的献身仅仅是在反讽意义上被看待。对于伯利克勒斯准备进行长期战争的计划来说,对帝国城邦的爱(erôs,即爱国主义)是基本因素,而它发挥作用的时间持续了二十七年。但是,[28]这种爱也使伯利克勒斯

---

① Imperial democracy: de Romilly, *Imperialism*(《帝国》),页74-75。Flashar, *Der Epitaphios*(《葬礼演说》),页 17 ff.,宣称伯利克勒斯对雅典民主的描述是理想化的,与现实冲突。但葬礼演说的意图(作为一般意义上葬礼演说的意图)是说教性的:伯利克勒斯通过描述一个理想国家企图劝说他的听众像那样生活。柏拉图充分理解葬礼演说的功用,他在《墨涅克赛努斯》(*Menexenus*)(246 D ff.)中让父亲们向孩子们发言。修昔底德葬礼演说的意图在于获得国家与个人的团结一致[注意在整篇演说中国家(koinon)与个人(idion)的交替使用]。

② 参见前揭有关"*Erôs* in Thucydides"的注释。

的继任者走向为修昔底德所强烈谴责的扩张(pleonexia)。① 由此,雅典人对权力的热爱具有多重层次。它部分地是雅典权力政治之行为的基础,它又部分地产生在战争过程中变得越来越明显的那种不理性。从戏剧角度来看,修昔底德的著作具有悲剧形式,但并不是人类品格从根本上被看作是混乱与败坏的那种欧里庇得斯式的悲剧形式。我们不能否认《战争志》中的雅典人具有某种在演说辞中被表达为自我称颂的英雄品质。这些演说辞说明修昔底德的作品是英雄悲剧,尽管单单叙事就能引领我们作出某种悲剧解读(更加接近于那些就欧里庇得斯的某些悲剧来说才是合理的解读)。

在著作余下部分的演说辞中,权力概念得到进一步讨论,但后面的演说辞越来越受到具体情景的影响,并因此在总体上说明了在战争和苦难的影响下逻格斯力量的衰退(the degeneration of the logos)。篇幅不允许我在此全面讨论这些演说辞,因而我把其中一些演说辞归类于特定主题下,仅限于简短地考察它们。

人们已经注意到,我们在后面的演说辞中发现一些有关权力本质的陈述,它们与前两卷发现的那些陈述非常相似。例如,在米提列涅辩论中,克里昂把雅典帝国定义成僭主政体(a tyranny),正如伯利克勒斯在最后一篇演说辞中所做的(3.37.2,比较2.63.2)。然而,克里昂与伯利克勒斯之间的差别并不是在定义中,而是在定义出现的背景中,因为克里昂在一些让我们回想起阿奇达姆斯而非伯利克勒斯的短语之中[强调节制(sôphrosynê)以及对习俗的盲目依赖(then blind reliance on nomos),3.37.3-4,cf.1.84.2]。反对民主讨论(democratic debate),从而偏离了伯利克勒斯有关民主帝国主义的观念。克

---

① cf. Thucydides. 2.65.7 and 10。

里昂采取这一立场仅是为了一时之便,因为他不想深入讨论与米提列涅命运有关的决策。克里昂的立场基本上不诚实。狄奥多图斯的态度也同样虚伪,他发言支持民主讨论,仅是因为他希望公民大会改变想法。① 狄奥多图斯对权力的理解体现在这一主张中,[29]即死亡惩罚不可能起到制止作用,因为当人们在强有力的非理性因素驱动下[如贫穷、资财丰盈(exousia)和好运气],人类本性往往会盲目行事。资财丰盈会导致扩张(pleonexia)与骄傲(3.45.4)。外部形势,如贫穷(poverty)、资源(resourses)和命运(fortune),通过希望(elpis)和爱(erôs)激起一种盲目的献身精神(3.45.5),而理性无法克服这种献身精神,惩罚也无能为力。在此,权力的定义被简化为有关扩张的方面(没有在这一段落提到 dynamis),这种简化是演说者纠缠于他的具体论证而造成的。克里昂和狄奥多图斯的当下意图决定了他们的思想态度,而且他们的演说辞基本上并不诚实。这两个对手在这一点上意见一致,即一定不要向米提列涅人表示出怜悯。但是,读者肯定会对米提列涅人的险恶命运有一种强烈反应,就像他也会对普拉特阿的命运以及科基拉诸派别的遭遇有强烈反应一样。我们可以把这种反应称为怜悯(pity)(这三篇演说辞都缺少这种品质)或者愤怒,但无论怎样,修昔底德要求我们采用一个共同的人性标准(a common standard of humanity),而在这一框架中,逻格斯实际上是没有力量的,权力的定义因演说者的权宜与便利而被简化。

在米洛斯对话中,伯利克勒斯的权力定义再次重复出现,相关观念在此得到比米提列涅辩论更加充分与忠实的表述。雅典人告诉米洛斯人:只有在敌对各方的权力接近平等时,人们才会运用正义;雅典人并不担心雅典帝国的终结,对雅典同

---

① 斯塔尔看法不同,*Thukydides*,页 121 ff。

盟的仇恨恰恰是雅典人权力的证明；扩张和安全都是对外征服的原因；强者的统治，并不是雅典人发明的；服从一个强大的城邦并不丢脸(5.89 ff.)。所有这些陈述都重复了第 1 卷、第 2 卷的演说辞表达过的思想，其中除了对征服的提及(the mention of pleonexia)之外，其余的都是伯利克勒斯的思想。① 但这并不意味着雅典人就是正确的，也不意味着热切信靠希望、众神的斯巴达人与米洛斯人就是错误的。米洛斯人的命运在读者身上激发起的情感如此强烈，[30]以至于我们意识到雅典人的主张的虚伪。雅典人运用权力政治的哲学(正如修昔底德所持有的)来摧毁一个弱小的无辜民族。② 米洛斯事件是一个滥用权力的实例。在攸菲姆斯的西西里演说中，权力政治的哲学这一因素甚至更为显著，伯利克勒斯式的权力政治被用以说服卡马瑞纳人(Camarineans)相信雅典人并不想征服他们(6.82-86)。

由此，权力分析被置于戏剧场景中，而这一分析通过这个场景被扭曲，并且被说明在当时环境中(under the existing environment)是不合理的。例如，其中一个扭曲是皮洛斯事件期间及其后在雅典出现的对机遇(tychê)与权力(dynamis)关系的误解，伯利克勒斯曾经在最后一次演说中勾勒过机遇与权力的关系(2.64.1-2)。这些误解的高潮就是伯利克勒斯的节制政策被弃之不顾的西西里远征。在此，阿尔喀比亚德把有关行动(polypragmosynê)的思想夸大到这一程度，即他宣称如果城邦

---

① 正义和权力：cf. 1.76.2.；帝国的终结：2.64.3.；对同盟的仇恨：1.75 ff., 2.63.1-2, etc.；扩张(Pleonexia)和安全：cf. 1.75-76 (ôphelia and deos)；强者的统治：1.76.2.；服从一个强大城邦：2.41.3.。

② 关于米洛斯是否真是雅典帝国的臣属成员这个问题，参见 A. W. Gomme,《修昔底德战争志笺注》，(Oxford, 1970), 4:156 ff.。

不处于持续行动(constant activity)之中,它就会让自己怠惰、衰败(6.18.6)。把这种思想应用于重大情势中当然是错误的。然而,这并不意味着雅典注定要在西西里被打败,就仅仅是权力政治意味着雅典必定会战败,但这确实意味着这些政策极大地增加了风险,因而与伯利克勒斯的计划(较多地考虑到了机遇与敌人力量的因素)相比,失败变得更加有可能出现。权力并不必然导致战败,但在战争期间权力控制被削弱了,战败变得比以往更有可能发生。① 西西里远征以一个"悲悯陈述"(pathos statements)结束:"它是这场战争中最伟大的事件,而在我看来它似乎则是我们听说过的所有希腊事件中最伟大的事件,对于胜利者最为荣耀,对于战败者最具灾难性。"(7.87.5)毫无疑问,这段陈述预示整个战争结束时出现的一个相似陈述,我们在色诺芬《希腊志》(*Hellenica*)(2.2.3,10,23)中会对这一陈述有一些记忆。

由此,在《战争志》的行文中,悲悯因素变得越来越强烈。在这些事例中,毁灭不仅是肉体上的,[31]而且它还伴随着理性的败坏和激情的过度。就演说辞代表的思想因素而言,演说辞变得越来越缺少理性,演说者不能再被认为是在客观意义上表达"场景要求说出的话(ta deonta)"。在演说辞中,主观成分在战争期间比在战争初期所占的成分更多。这种恶化(this deterioration)的最佳事例就是那些在极端苦难情景中所发表的演说辞。演说者陷入虚假观念中,意在引起纯粹的情感效果。在普拉特阿人向作为裁决者的斯巴达人所作的一篇演说辞中(3.53 ff),大多数论述都是关于普拉特阿人过去为泛希腊地区的事业作出贡献,但他们在目前战争中的行动却没有得到认可。针对雅典人在米洛斯对话中的陈述,米洛斯人的回应充满

---

① 关于历史必然性,参见前揭有关必然性的注释。

了基于虚幻期望之上的盲目推测,正如雅典人所指出的那样。在对将士所作的最后一次演说中,尼基阿斯诉诸个人的习惯想法(personal and conventional considerations),而在当时环境中这些想法都是无用的(7.77)。当尼基阿斯修正地忒米斯托克利斯斯的一句名言,并且说"组成城邦的是人,而不是那些没有人的城墙或舰船"(7.77.7,cf. Hdt. 8.61)时,他已经荒谬到了极点。这些演说辞表达出《战争志》中的悲悯因素,它们的理智效果(intellectual validity)很少。

通过对一些演说辞中权力与悲悯(pathos)的简短考察,我希望已经证明修昔底德的著作确实具有一种戏剧结构,它源自于序言,并带有对权力与苦难的双重强调。在戏剧结构的发展中,演说辞与叙事表达出的基本思想是相同的,即权力在战争过程中变得败坏。但是,权力分析的某些方面主要是出现在演说辞中,尤其出现在第 1 卷和第 2 卷的演说辞中。理性能够控制和运用权力,对权力的非理性献身是英勇的,这两个观念决定了这部著作的悲剧概念。演说者的演说(logoi)与修昔底德的逻各斯(logos)交织在一个单一解释之中(a single interpretation)。修昔底德的演说者给我们的不仅仅是一幅有关他们内心想法的心理画面(尽管他们确实也做到这一点),而且他们的演说辞具有的修辞作用也不仅仅对演说者的发言时刻才非常重要。在修昔底德的《战争志》中,修辞告诉我们真实。

雅典人在斯巴达的演说

罗毕舍克(A. E. Raubitschek)

[32]在格姆(Gomme)和罗米琳①就雅典人在斯巴达的演说所呼吁人们注意的问题中(1.72-78),其中大多数也都让我感到困惑。尽管我或许没有能力回答这些问题,但我非常愿意对它们进行讨论。这些问题与演说辞的场景、内容、意图和影响有关。

无论是修昔底德本人,还是他的古代或现代读者,都没

---

① A. W. Gomme,《修昔底德战争志笺注》(Oxford,1945),第1章,页252。关于这个段落的充分讨论,参见 Gomme 著作的页233-246 与页252-255;E. Schwartz,*Das Geschichtswerk des Thukydides*(《修昔底德的纪事作品》)(Bonn, 1929),页102-116;J. de Romilly, *Thucydides et l'impérialisme athénien*(《修昔底德与雅典帝国主义》)(Paris, 1947),页205-229;Stahl, *Thukydides: Die Stellung des Menschen im geschichtlichen Prozess*(《修昔底德:人在历史进程中的位置》)(Zetemata 40, Munich, 1966),页43-54。自本手稿提交给编辑以来,通过 Peter Herrmann 的好意,我得以查阅 L. Reich,"Die Rede der Athener in Sparta(雅典人在斯巴达的演说)"(博士论文,Hamburg University,1956)。这项出色与细致的研究得出一个令人惊讶的结论,"我们读到的这篇在斯巴达发表的演说实际上从未发生过,它只是修昔底德自由创作的产物,意在让读者明白伯罗奔尼撒战争最为真实的原因(alêthestatê prophasis)"。

有解释过雅典特使在斯巴达露面的场景(1.72)。其实,特使碰巧已经在斯巴达,但关注的是其他事务,也就是说特使并不是被派来回应斯巴达盟友的控告。后来,也就是在斯巴达人的盟友离开之后,[33]雅典特使在完成谈判之后返回了雅典。

雅典特使发表演说时的权威口气得以表明与体现,不但是通过演说所运用的词语(毕竟是修昔底德的词语),而且是通过修昔底德引入演说辞所用的概要①,这个概要必然是一个[对演说辞]相当准确的解释。这意味着那些出使斯巴达的雅典特使,不仅称职,而且尽责。他们能够亲自担负起阐明雅典立场的任务,而且并不畏惧可能会在母邦遇到的批评以及在斯巴达遇到的怀疑。

我的第一点主张是:根据普鲁塔克的记载,修昔底德描述的雅典特使正是在伯利克勒斯提议下被派到斯巴达的,他们的目的在于谴责麦加拉人(Megarians)砍倒埃琉西斯(Eleusis)与麦加拉(Megara)之间那块"圣地"上的森林,并为雅典人回应渎神罪的所谓麦加拉法令(the so-called Megarian Decree)进行辩护。

人们过去认为,②雅典特使原本不会这么早就出使斯巴达,因为雅典传令官安塞姆克里特(Anthemocritus)在麦加拉死亡或被杀,雅典人就用著名的"每年入侵麦加拉两次"的克力努斯法令(Decree of Charinus)回应这项所谓不虔敬的犯罪行为。由此,人们认为当斯巴达和雅典的谈判仍旧在进行之时,麦加拉和雅典之间的关系原本不会恶化。然而,这一观

---

① 或序言,正如韦斯特雷克在本文集相关论文中对它们的命名。
② W. R. Connor, *American Journal of Philology*(《美国语文学月刊》)83,1962:231。

点忽略了这个事实,即雅典人对麦加拉人的控告是宗教方面,而不是政治方面的,因而不需要经过斯巴达与雅典的谈判。当雅典人通过将麦加拉人排斥于阿提卡市场之外的所谓麦加拉法令之后,问题变得具有政治性。为了解释对宗教挑衅所实施的政治惩罚,伯利克勒斯显然要求要向麦加拉和斯巴达派出特使,而雅典特使正是在这个阶段出现在斯巴达,同时传令官安塞姆克里特在麦加拉死亡或被杀。此时,雅典人的回应是非政治化的(unpolitical):"不需要停战与宣战的仇恨"(aspondos kai akêryktos echthra),[34]"在阿提卡发现的麦加拉人必死"以及"一年两次入侵"麦加里德(Megarid)。这是一种抗议而非战争,这一点被事实所澄清,即抗议一年进行两次且没有声明,也不以停战协定来结束。

在修昔底德提供的雅典特使演说与和伯利克勒斯派特使前往麦加拉与斯巴达的命令之间,还存在着另外一种联系。普鲁塔克评论说,命令包括特使将要传达的"一种合理与人道的辩护"(a reasonable and humane justification = eugnomonos kai philanthrôpou dikaiologias echomenon)。这些形容词似乎极为适于描述雅典特使在斯巴达的演说辞。我们需要注意这两个重要主题:我们有资格进行统治,而且我们的统治是正当的。

总而言之,我们可以推断出,在斯巴达盟友第一次控告雅典人时,雅典特使碰巧在斯巴达,他们原本是应伯利克勒斯的要求前来向斯巴达人解释麦加拉法令的,而且我们还可以推断出,雅典特使被命令要为雅典外交政策进行合理与人道的辩护。

下一个问题关注的是修昔底德用他自己的言词提供的作为概要的演说辞(1.72)与被修昔底德置入雅典特使之口的言词之间的关系。

修昔底德将演说辞的意图概括为两个主要方面:不对斯巴达盟友提出的控告作答辩,而是在一般意义上说明斯巴达人不应该很快作出决定,而应该更细致地考察形势;其次,雅典人想向斯巴达人展示自己的力量,向年长者提醒那些已知的事情,向年轻人告知那些他们不了解的事情;他们认为能够以这种方式说服各方平静下来,不要发动战争。人们可能会轻易断言修昔底德对雅典特使打算要说的内容的概括与他们实际所说的内容并不完全一致,或至少修昔底德的概括并没有提出在直接演说①中引用的那种类型的演说辞。

这一观点可以被推进一步。格姆已经观察到②阿奇达姆斯似乎完全无视雅典特使之前的演说,[35]而且我们还可以补充认为斯忒涅莱达斯以某种特殊方式提到雅典特使之前的演说(1.86.1)。针对雅典特使之前的演说,监察官(the Ephor)([译注]即斯忒涅莱达斯)谈到了三件事情:a)雅典人花了很长时间来赞美自己,但并没有宣称他们并未给我们的盟友和伯罗奔半岛带来伤害。"雅典人没有带来伤害"(hos ouk adikousi)这一标准再次出现在普拉特阿辩论中(the Plataean Debate,3.52-54)。在这次辩论中,斯巴达人询问因犯"是否为斯巴达人及其盟友做了有益的事情"(3.52.4),普拉特阿人将此重新表述为"他们没有带来伤害"(ouk adikeisthai,3.54.2)。显然,这是斯巴达人持有的一般观点。

监察官提到的第二点也很有趣:b)如果雅典人当时反抗米底人(Medes)是高贵的,但他们现在却给我们带来害处,他们应该受双倍惩罚(diplasias zêmias),因为他们尽管过去一直很好,但现在却变坏了。准确地说,这些就是忒拜人就普

---

① 参见,de Romilly,*Thucydide*,页224-227
② Gomme,《修昔底德战争志笺注》,第1章,页252。

拉特阿人(普拉特阿人重述雅典人过去在波斯战争中的高贵行为)的相关情况(3.67.2)向斯巴达人所说的内容。忒拜人说,只有那些受到伤害的人才可以由于以往的优良事迹而获得帮助,那些行为可耻的人反而应该由于以往的优良事迹而受到加倍惩罚(diplasias zêmias)。斯忒涅莱达斯回应的第三点(1.72.1)同时出现在修昔底德的概括(1.72.1)与演说辞本身中(1.78.1):从容地作出决策。c)不应该由别人来告诉我们如何作出决策。这三点都是惯常反应(conventional reactions),它们说明了修昔底德对演说辞的评论(1.22.1):"对我来说,每一篇演说辞都说出场景所要求说的话(ta deonta)。"另一方面,在斯忒涅莱达斯的演说辞中,下一个句子非常重要:"投票支持战争。"如果他没有这么说,那么修昔底德是在撒谎,但是他确实这么说了,用这些话["尽可能保持实际所说内容的大意"(1.22.1)]提到演说辞的这一部分。

斯忒涅莱达斯的演说辞,或许修昔底德的所有演说辞都由这两个部分构成:a)演说者真正所说的,必定是绝对可信的内容——"投票支持战争";b)修昔底德认为演说者一定会说的内容——"雅典人是不可信任的伪君子。"

现在,我们可以回到雅典人的演说辞,追问修昔底德的概要(1.72)是否含有雅典人真正所说的内容,即他们一定会发表的演说(1.73-78)。如果这是真实的,[36]修昔底德的概要含有他听到他们说的内容(1.22.1, autos êkousa),或者听到他们说过的内容(1.22.1, emoi apangellousin),再或者他们真正持有的想法(1.22.1, tôn alêthôs lechthentôn):即 a)不要急于作出你们的决策,b)回忆一下或考虑一下我们如何获得我们的权力以及这些权力有多么伟大。由此,演说辞本身(173-178)不但应该包含这两个方面(它确实以某种方式含有这两个方面),而且还应该包含雅典人注定会提出的其他方面,因为雅典人描述了他们的自我认识以及特别是从历史形势来判断为伯利克勒斯持有的观点。因而,这篇演说辞非常值得我们注意。

雅典人演说辞的第一个重要主题是为雅典帝国辩护:他们在开头说(1.73.1),"我们没有持有以不合理方式(apeikotôs)拥有的东西",他们在结束对波斯战争期间所获巨大功绩的解释时说(6.82.1),"我们有资格(axioi)拥有这样一个帝国"。相似地,十五年之后,攸菲姆斯在卡马瑞纳以同样的观察与评价开始演说(6.82.1)。"也同样有必要说明,我们拥有这个帝国,是合乎情理的(eikotôs)",而且他用这句话结束了波斯战争期间雅典人行动的相关论述,即"因此,我们有资格(axioi)统治"(6.83.1)。

这两段表述如此相似,以至于人们不用评价早期演说辞的理想主义与后期演说辞的现实主义之间的矛盾,就已经在这两段表述中看到同样一种态度的两次表达。

这一点得到这个事实的澄清,即攸菲姆斯在西西里远征期间否认了雅典人在战争爆发之前所持的主张。"我们不用华丽词藻来发言(kallie poumetha)",攸菲姆斯(6.83.2)以此回应了雅典人在米洛斯的著名言词(5.89)。"我们没有用华丽词藻(onomata kala)",诸如:"我们的统治合乎情理,因为我们独自推翻了野蛮人的统治"(或者"我们的统治是正当,因为我们推翻了米底人",5.89),但在战争开始之前,雅典人在斯巴达的演说中正是运用了这个论述,他们说:"我们认为,在马拉松,我们独自在前线抵抗野蛮人。"在普拉特阿战争之前,[37]斯巴达人在雅典的演说中运用了这段论述来反对雅典人(Hdt. 8.142.2),"在我们不想要这场战争之时,你们挑起了战争,而且争斗在一开始就是为了你们的领土",米太雅德(Miltiades)对卡里马库斯(Callimachus)演说辞结尾处的评论首先提出这段论述(Hdt. 6. 109. 6):"如果你接受我的观点,那么你们的国家将会自由,并成为希腊的第一强国。"

攸菲姆斯不但拒绝运用以马拉松之荣誉为基础的论述,而且拒绝运用更加显著(the striking one)的论述:之所以由我们统治,"因为我们甘冒生命危险,正是为了这些人([译注]即雅典臣属城邦)的自由,超过全体希腊人以及我们自己的自由"。从雅典人在斯巴达演说的一个段落来看(1.73.4-74.3),这一主张的意义变得非常清楚,雅典人演说的高潮在这一断言之中:"因而,我们说,我们给予你们的丝毫不少于我们得到的。"雅典人敢于断言他们为伯罗奔半岛人付出的比为自己付出得更多(他们实际上说"不少于"),其原因在于这个事实,即雅典城已被占领,但是雅典人继续为那些尚未被波斯人蹂躏的希腊人的自由而战。在结束第一段论述的评论中(1.74.4),雅典人让这一主张的全部力量得以显现:"但是,如果我们如同其他人一样为了领土或是出于恐惧而向米底人投降,或者如果我们后来拒绝登上战舰(像已经失败的人们那样),你们海军的劣势将让海上战役没有必要进行下去,敌人的目标原本会很容易达到。"在希罗多德提供的一个著名段落之中(7. 139. 5),相同观点也得到有力地表述:"如果现在一个人说雅典人是希腊的救星,他是不会错的。"修昔底德是如何在他运用的言词中紧密地遵循希罗多德的,我们一会儿再指出。现在意识到这一点就足够了:当攸菲姆斯在说过将不会运用上面提及的两个主张之后(Th. 6. 83. 2),老练地宣称"为自身安全提供保证的所有人,都免于嫉恨(anepiphthonon)"时,希罗多德知道自己的观点容易遭遇嫉恨(epiphthono,7. 139. 1)。

从上述对雅典人在斯巴达的演说辞(173-178)与攸菲姆斯在卡马瑞纳的演说辞(6.82-87)的比较之中,我们能够清楚地看到，它们各自代表了同一主张的两个不同发展阶段，即雅典人有权统治的主张：在第一篇演说辞中，[38]雅典人有权统治的主张是基于有德性的行为(virtuous conduct)，在第二篇演说辞中，则是基于力量(power)。我们顺便注意到，在这方面，攸菲姆斯的演说辞与雅典人在米洛斯对话中的立场(5.85-113)以及阿尔喀比亚德在雅典(6.16-18)和斯巴达(6.89-92)的那两篇伟大演说中的立场都是一致的。在另一方面，雅典人在斯巴达的演说辞与希罗多德在雅典人发表演说同一时期写下的著名的雅典赞美(Hdt. 7.139)是一致的。无论在情感上，还是在内容上，这两个表述都是一致的，它们或许真正地代表了雅典人在伯罗奔半岛战争爆发前夕对自身世界地位所持有的看法。

在演说开始时(1.73.2)，与修昔底德本人不同(1.20.1)，雅典人拒绝谈论遥远的过去，因为单纯的道听途说并不可靠。但是雅典人认为有必要谈起波斯战争，尽管这个事件已众所周知，一遍又一遍地聆听会令人厌倦。雅典人并没有像希罗多德那样承认(7.139.1)他们必须要说的内容可能是令人嫉恨的(epiphthonon)，但是他们后来抱怨(1.75.1)他们不应当被不公平地看待(be viewed invidiously)(epiphthonôs diakeisthai)。在提到马拉松之战后，雅典人又在回顾地忒米斯托克利斯的命令(the Themistocles Decree)(eisbainein eis tas …naus)的言词之中，①提到雅典人登上(esbantes es tas naus pandemei)战舰的著名决定(1.73.4)。萨拉米斯海战阻止了克色尔克色斯攻击和摧毁伯罗奔半岛地区的个别城邦，这些城邦原本不可能自我防御或相互保卫以抵抗

---

① R. Meiggs 和 D. Lewis, *A Selection of Greek Historical Inscriptions*(《希腊历史铭文选集》)，Oxford，1971，no. 23，II. 13-14。

强大的波斯舰队。希罗多德提出同样的观点(7.139.3:"一个城邦接一个城邦地占领"),而且希罗多德《战争志》中的姆涅西披罗斯(Mnesiphilus)也提出相同观点(8.57.2:"他们将会分散到自己的城邦中"),不过这些论述有些不同,因为希罗多德强调了雅典人作出战斗而非逃跑或投降这一决定的重要性。在斯巴达的演说中,雅典人声称舰队是希腊武装力量的决定性部分(1.74.1),地忒米斯托克利斯已经向优利比亚戴斯(Eurybiades)表达过这一看法(Hdt. 8.62.1):"战舰是这场战争的决定性因素。"雅典人进一步声称他们对战争胜利作出了三项有用的贡献:数量最多的战舰[39](略少于200艘;参见 Hdt8.42-48),最智慧的将军,最无所畏惧的激情。攸菲姆斯只重复了这三项贡献中的第一项和第三项(6.83.1)。最智慧(xynetôtaton)的将军,即地忒米斯托克利斯,他既未被攸菲姆斯提起,也未被希罗多德在对雅典的赞美中提起(7.139),尽管后来希罗多德说(8.124)地忒米斯托克利斯被斯巴达人赞誉为最智慧的(sophôtatos),并因其智慧(sophiê)和狡黠(dexiotês)为斯巴达人所尊崇。①

总而言之,雅典人演说辞的第一个重要主题——为雅典帝国辩护——以一种与希罗多德对雅典的著名赞美相同的精神得到体现,但这两个段落(即分别是修昔底德的赞美与修昔底德演说辞的赞美)并不直接相互依赖。它们表现了被修昔底德称作(1.22.1)peri tôn aiei parontôn ta deonta malista eipein(说出最为紧要的相关言词)的东西,由此向我们揭示出雅典在其历史之重要时刻对自身所持的看法。

雅典人演说辞的第二个主题是,他们宣称以节制精神施行统治(1.76.4:metriazomen)。人们应该回忆起在修昔底德

---

① 参见 De Romilly, *Thucydide*, 页207-209。

对演说辞的概括中,他并没有提到这两个主题之中的任何一个(1.72.1)。修昔底德说雅典人想要展示他们城邦的力量(dynamis),而且从雅典人这一表述中,人们会期待一篇类似于伯利克勒斯后来所发表的演说辞(1.140-144)。相反,为了运用雅典人自己提出的概括(1.73.1),他们说:"我们想澄清的是,我们没有以不合理的方式(apeikotos)持有我们所拥有的东西,我们的城邦是值得称颂的。"在此,雅典人对dynamis根本就未置一词! 然而,这两个主题得到充分定义,首先是我们已经讨论过的"为雅典帝国的辩护",其次是"雅典值得称颂"这一主张(axia logou)。①

修昔底德本人的概括(其中强调了dynamis)与演说辞本身(强烈地强调axion)之间的差别更为显著,因为他一再重复地陈述:斯巴达人参战是"因为他们害怕雅典的力量会增长"(epi meizon dynêthôsin,1.88)以及这场战争最真实的原因是"雅典人正在变得强大"(1.23.6)。[40]我们或许应该把alêthestatê prophasis(最真实的原因)(1.23.6)与tôn al-êthôs lechthentôn(人们讲述的原因)(1.22.1)联系起来,并且假设,所谓"真实地"说过的内容并不一定是实际上说过的内容。因为,修昔底德声称"最真实的解释"是"最少显露于言词之中的"(aphanestatê logô,1.23.6),所以清楚的是修昔底德有意识地使用了dynamis与axion(称颂)之间的差别,似乎想说:雅典人或许已经说起过他们的优异之处(merits)和价值(worthiness),但是他们真正揭示出的是他们的力量(dynamis),正是出于对这一力量的恐惧,斯巴达人才决定参战(1.88)。这意味着修昔底德期望读者辨别并理解,他对雅典人演说辞的真实意图("展示城邦的力量")估量与可能被雅

---

① De Romilly 注意到这个对比,前揭,页224-229。

典人运用过的论述("揭示雅典的正当合宜")之间的差异。在结束这段论证之时,我们可以再次简短地考察普鲁塔克对伯利克勒斯提案的描述,这项提案命令雅典特使出使斯巴达(Per. 30)。雅典特使对雅典人的行为提出一个"合理与人道的辩护",这一辩护就是雅典人在斯巴达发表的演说中完成的内容。

现在,当我们更加仔细地思考雅典人阐述其演说辞(1.75-77)第二个主题所采用的方式时,我们立刻会对这个事实留下深刻印象,即雅典人演说辞涉及的时期同修昔底德在其著名的 Penetecontaetia("五十年历史")(1.89-117)中紧接着对斯巴达会议的解释之后所详尽分析的时期是相同的。因而,我们首先关注的是,修昔底德的演说辞与叙事之间的一致和差异。关于泡塞尼阿斯离开后雅典获取整个希腊军队指挥权的方式,修昔底德的叙事(1.94-96.1)与雅典人演说辞(1.75.1-2)完全一致,方式都是:ou biasamenoi("没有强迫")(1.75.2)与 hekontôn("甘愿")(1.96.1)相对应。雅典人没有提到泡塞尼阿斯的名字,尽管修昔底德将"对泡塞尼阿斯的憎恨"(1.96.1)作为接管指挥权的原因,而且随后详细地告诉我们泡塞尼阿斯不幸命运的故事。雅典人随后在演说辞中对指挥权发展变化的解释是全新的,与修昔底德所讲述的故事并不符合:雅典人宣称由于受到恐惧、荣誉与利益(hypo deous, epeita kai timês, hysteron kai ôphelias)的迫使,[41]他们不得不增强自身力量。在此用到的一些微妙的希腊词语值得细致关注,因为这些词语并不容易被理解,已经被注疏家们误解。① 人们一直不愿意接受这三个导致雅典力量发展变化的"原因"(causes),这一发展变化是或多或少得

---

① 参见,斯塔尔,*Thukydides*,页47。

到清晰界定并按照时间排列的阶段(chronological stages),他们也不愿设想最初是因为恐惧(可以推测出是对波斯人及其可能进行的报复的恐惧),接下来是因为对荣誉、对名声的渴望(充当希腊以往未曾有过的伟大联盟的首领),最后是因为经济利益(这些利益来自于贡金和其他帝国收入的积累),而经济利益让雅典人获得前所未有的强大权力和卓越地位。人们不愿意接受这一解释主要是因为修昔底德本人著作中的一些段落。首先,在同样这一篇演说辞中,雅典人颠倒了原因的顺序,声称(1.76.2)他们已经被荣誉、恐惧和利益(timês kai deous kai ophelias)征服,在西西里远征期间,雅典人攸菲姆斯在卡马瑞纳(6.83.4)宣称雅典人承认掌握指挥权是因为恐惧(dia deos),这一恐惧肯定不适用在波斯人身上。因而,人们认为这三个原因应该在整个期间都在发挥作用。促使人们作出上述这种解释的原因是他们把 to prôton (首先)同 epeita(其次)和 hysteron(再次)分解开来,但首先是因为修昔底德提供的"五十年历史"叙事没有包含,甚至也没有暗示两个内在划分(two internal division)。这两个内在划分导致三个时期:雅典人出于对波斯人反击的恐惧而行动的时期,雅典人享有伟大希腊联盟首领名声的时期,利益(或许是互利)将盟友与帝国凝聚在一起的第三时期。然而,单纯地提到这三个时期,就会让人们在修昔底德描述的事件过程中界定这几个时期成为可能。第一个时期截止于以攸里梅敦(Eurymedon)河之战,这次战役结束了"波斯战争"(the Persian Wars)(1.100.1),此后只发生了埃及远征以及与之相关的客蒙(Cimon)与塞浦路斯(Cyprus)的最后一战(1.104;109-110;1.121-4),这些战役都不是被恐惧主宰或引发。第二个时期从泰奥索斯(Thasos)叛乱开始,[42]与那克索斯(Naxos)叛乱和卡利索斯(Carystos)叛乱相比,这次叛乱与波斯战争的诉求(pursuit)没有关系。第二时期的结束虽然没有被修昔底德提到,但它处于客蒙之死与科罗尼亚(Coronea)之战之间的一起事件,即希腊联盟金库从得洛斯(Delos)转移至雅典,这次转移第一次使"帝国"给雅典带来利益。因而,人们似乎有理由推测雅典人事实上提到三个时期。在这三个时期中,雅典人增强并维持了他们的力量(抵抗波斯之战),实际上控制了整个希腊(伯罗奔半岛南部地区除外),而且增强并维持了爱琴海地区的经济组织化和集中化(如果说不是统一的话)(从贡物目录和文件中可以知道)。因为,这显然并不是修昔底德本人在解释"五十年历史"中提出的概念,所以这一定是其他人持有的看法,其中可能包括伯利克勒斯本人。

接下来的一句话引入一个新思考。这一思考直接与利益(ôphelia)概念有关,以至于一些编者将这一新思考归于前面的论述。雅典人说(1.75.4),"此外,在一些盟友叛乱并被镇压之后,你们不再像过去那样友好,而是对我们充满怀疑并同我们产生不和,此时,被大多数人(盟友)憎恨的人民——这样的人民(雅典人)——冒险放弃他们(例如盟友或者帝国),这样做似乎很不安全"。这段笨拙但却忠实于原文的译文将澄清,雅典人在此提到的,并不是伯罗奔半岛战争爆发之前的形势,而是一个更早的时刻(此时,一定出现了联盟解体的问题)。通过提及已被镇压的叛乱(Thasos 和 Euboea,1.100-101 和 104)[此时,雅典人与斯巴达人的关系已经紧张,叛乱的城邦(如果被允许退出的话)将会投入斯巴达人的怀抱],以及不完善的[希腊词语]edokei(在过去某一时间看起来),都说明了这一澄清。因为这些事件都不是发生在三十年和平期间(the Thirty Years Peace)(正如在萨摩斯叛乱期间得到清楚说明的那样),所出现的是,雅典人解释了为什么在联盟已经实现其最初意图时,他们仍旧不能解散联盟的原因:因为保持联盟对雅典人有利(ôphelia),放弃联盟不安全(ouk asphales)。雅典人总结说,[43]没有人会谴责那些处于巨大危险时照看自己利益的人民。或许,当普鲁塔克说在伯利克勒斯提出"公民大会法令"(the Congress Decree)之前(例如,在联盟金库转移之前)"拉栖岱蒙人(Lacedaemonians)开始被雅典人日益增强的力量所触怒"时,他所提到的也是同一个形势。

随后的章节(1.76)解释和论证了我们在前面讨论过的观察(1.75),它们明确地传达出辩护意味:我们被迫获取并增强我们的力量,对我们来说,放弃这种力量是不安全的,而且你们斯巴达人在伯罗奔半岛地区的做法也是一样的,如果你们当时保住了指挥权(1.76.1),你们也会在希腊这么干。由此,我们正在做的事情是完全自然的,非常符合普遍规律,这一规律肯定了弱者被强者所约束和钳制(1.76.2)。事实上,我们认为这是非常合理正当的态度,你们也这么认为,直到你们发现运用这样的正义论争(the argument of righteousness, tô dikaiô logô)是有利的时候,这样的正义论述还未曾阻止过人们运用他们的力量,如果他们有任何力量的话(1.76.2)。

安德鲁斯(Andrewes)教授呼吁我们注意这个事实,即此处宣告的学说为修昔底德所特有,他将之标榜为他自己的学说。① 而且,安德鲁斯教授还指出,"雅典人在斯巴达的陈述远远超出了回应科林多人或劝告斯巴达人这一主题的需要"。实际上,这既非雅典人的意图,而且雅典人也没有认为

---

① *Proceedings of the Cambridge Philosophical Society* 186, n. s. 6 (1960),页 5-6:帝国作为自然事实。参见,斯塔尔,*Thukydides*,页 50。

自己就认同这种颇为强词夺理的观点,尽管在尼基阿斯和平条约(the Peace of Nicias)后,尤其是在米洛斯对话后,他们自己确实提出这样的观点。雅典人在此真正所说的并不是"无论我们多么不喜欢或多么不认同,强力(might)都是无可逃避的事实"(安德鲁斯),而是"尽管情况如此,我们还是一个值得赞美的民族,因为我们在实施力量的同时还具有人道,我们比我们的力量所需要的更加正义(dikaioteroi ê kata tên hyparchousan dynamin,1.76.3)"。事实上,我们认为,如果有其他人处于我们的位置,他们会表明我们的行动是否节制(metriazonmen)。雅典人的这段论述清楚地揭示出,[44]他们关于自己具有重要价值的主张(1.73.1)并不依赖于对自身力量的辩护,而是依赖于他们有节制地使用力量。

不幸的是,这种节制带给雅典人的不是赞美,而是恶名。前者原本是应得的,后者是不公正的(1.76.4)。接下来的内容是对这一观察的证明,而非对这一观察的举例,科洛克斯(Geoffrey de Ste. Croix)令人信服地说明了这一点。①

雅典人选择用以说明他们节制精神的领域是作为一个整体的司法管理(the administration of justice as a whole),其中不仅有人们通常想到的商业案件行为。我们总是认为政治方面的、军事方面的、经济方面的和金融方面的控制是远比司法管理更加重要的问题(issue),但是我们必须意识到在公民社会中(那时与现在一样)任何一种争端的解决都是良好治理的标志(the mark of good government),而良好治理又取决于所运用的是武力(biazesthai)还是裁决(dikazesthai,1.77.2)。这意味着雅典人辨别出这个基本问题,依据原则来论述这一问题,而没有运用任何细节。可以肯定的是,保

---

① 《古典季刊》55,n. s. 11(1961):页95-100。

留于色诺芬①和阿里斯托芬作品（尤其在《马蜂》中）之中的"雅典政制"的作者清楚地说明雅典人对法庭审判的爱好已经被人们注意到，而特纳（Turner）教授已经评论过热爱司法（philodikein）一词在雅典人的演说辞（1.77.1）以及其他地方之中的含义。② 由此，雅典人抱怨，他们以运用法律取代了运用武力，就被人们认为是过于好打官司。这一抱怨非常自然，也合情合理。"如果我们通过降低身份，在协约条款之下安排那些反对我们盟友的讼案，并在我们的法庭上以法律平等为基础，我们就会被认为好打官司。"本文对 1.77.1 希腊原文的翻译将这两个短语"en tais xymbolaiais⋯dikais（在基于公共协议的讼案中）和 par'hein⋯nomois（在同样适用于我们自身的礼法中）"看作平行的，[由此在译文中]，雅典人指出，在接受与弱势盟友的协议条款时，他们是在降低身份，而且通过当弱势盟友来到雅典时对待他们依据与对待自己相同的那些法律，[45]雅典人事实上也是在降低身份。在这一点上，本文的翻译同科洛克斯提供的翻译是不同的。③ 如同雅典人在米洛斯表现的那样（589），正义以相同的必要性（on the basis of equal necessity）为基础而被决定，而不是强者做他们能做的，而弱者屈从。如果在伯罗奔半岛战争爆发之前，雅典人按照这个原则行事，那么在雅典人与盟友之间的任何交往中就不会有，也不可能有任何协议和法律平等（homoioi nomoi）。但是，雅典人事实上降低了身份，为了在平等的基础上（apo tou isou, 1.77.3 和 4）对待弱势盟友，他们使自己更加

---

① ［Xenophon］, Resp. Ath. 1.16；H. Frisch 在其笺注中提到修昔底德第 1 卷第 77 章（页 223）。
② 《古典评论》60（1946）：页 5-7。
③ 《古典季刊》，页 99。

软弱。雅典人并没有因为这种节制精神而被人们赞誉,相反却被那些得到雅典人公正对待的人们憎恨,而且被其他盟友攻击。

这一点已被简洁地表述在一个句子(1.77.1)之中,随后又在下一个段落中得到相当广泛地阐述。与我们相比,其他地区的其他民族在行使权力时,对待臣属者的行为要更加不节制,但没有人批评他们。因为,如果一个人运用武力,他就没有必要运用司法(administer justice)(1.77.2)。我们的盟友习惯于被公正对待,由此无论什么时候他们对自己的处境或我们的决定不满意,他们就会抱怨。但是,当然,他们必须要承认弱者不得不屈从于强者(1.77.3)。一旦他们受到不公正对待,他们将会比遭受暴力虐待更加愤怒。在第一种情况下,他们会觉得与之平等的一方利用了他们,在后一种情况下,他们会觉得强势一方对他们有所强迫(1.77.4)。在波斯人统治之下,他们遭受更多的苦难,但却忍受了,但现在他们看来,我们的统治却显得严酷。确实是这样,因为对于人们来说,当下的负担总是难以承受的(1.77.5)。在这些一般性的观察之后,雅典人直接转向斯巴达人说(1.77.6):

> 如果你们推翻我们,取代我们的统治地位的话,你们会很快失去人们因恐惧我们而给予你们的好意;正如你们当时短暂掌握指挥权抵抗波斯人时表现的那样,你们现在也会经历相似的事情。因为你们在法律方面的惯例与其他城邦的非常不同,而且你们当中没有任何人在国外遵守自己的法律惯例或其他希腊地区通行的法律惯例。

我们不得不面对的问题是:在雅典人的最后失败与斯巴

达人建立令人憎恨的霸权之前（对于这两点，雅典人都预见到了），如前所列的这段最后论述是否可能被提出。[46]格姆认为，公开提及泡塞尼阿斯的行为"将会让预言变得过于容易"，对此，罗米琳①并不赞同。我的疑惑是修昔底德本人是否已经在公元前412年的伊奥尼亚战争（the Ionian War）期间已经表达过这种看法。

总而言之，雅典人已经在其演说辞中说明，不但他们拥有统治权利（根据被我们称作的"历史规律"），而且他们以节制与公正的精神进行统治。同伯利克勒斯第一篇演说辞或战争期间发表的其他演说辞相比，这一主张与伯利克勒斯的葬礼演说更为相似。由此，这一主张极为充分地展现了雅典人，提供了一幅伯利克勒斯时期雅典人（战争行为让男人、人民和政策堕落败坏之前）的真实图景。

演说辞的结语（1.78）返回演说的主要意图，而修昔底德（1.72.1："不要草率决定"）和雅典人（1.73.1："唯恐你们轻易作出错误决定"）都是在演说开始处表述了这一意图。"从容地作决定"，雅典人说（1.78.1）。针对这一明智的劝告，斯巴达监察官斯忒涅莱达斯愤怒地回应（1.86.4）："不要让人们告诉我们，我们应该接受这个劝告。"一再重复运用词语bouleuomai（建议），让我们想起euboulia和aboulia（好建议和坏建议）之间的对比。不但雅典政治家，而且还有希腊诗人（索福克勒斯在《安提戈涅》中，欧里庇得斯在《美狄亚》中）都探究过这个对比。雅典人对将军（斯巴达监察官斯忒涅莱达斯）的意见并不满意，他们再一次详细地解释，在雅典人看来，斯巴达人应该考虑什么：不要被其他人的见解与控诉说服。而接下来，斯忒涅莱达斯却力促相反的行动过程

---

① De Romilly, *Thucydide*, 页221-223。

(1.86),修昔底德本人承认在拉栖岱蒙人宣布协议(the treaty)已经破裂时(1.88),拉栖岱蒙人在一定程度上已被其盟友的主张说服。其次,雅典人指出战争的不可预测性(the unpredicability, ho paralogos),格姆将这一观点称作"修昔底德的常见话题(a commonplace)"。它肯定不是修昔底德给予伯利克勒斯的观点,因为伯利克勒斯不但没有在号召发动战争的第一篇演说中提到过这一观点,而且他在最后一篇演说中含蓄地否认了这一观点(他在最后一篇演说中说瘟疫是意料之外的事件,[47]而且是唯一一件意料之外的事件,2.64.1)。事实上,修昔底德赞美了伯利克勒斯在战争方面(2.65.6)的远见(the foresight, pronoia)。显然,修昔底德让雅典人在斯巴达的演说辞中强调战争的不确定性和不可预测性,要么是因为他们确实这么想(由此,与伯利克勒斯不一致),要么是因为他们为了避免战争,想让斯巴达人这么想。

最后,雅典人提出战争的矛盾(1.78.3):在战争中,人们往往行动在先,思考在后,因为此时已经遭受不幸。因此,雅典人暗示,先思考,而且不要投票参战。雅典人结束时说(1.78.4),但我们不会犯这样的错误,当我们说"我们"时,我们指的不仅是我们自己,而且就我们能看到的,其中也包括你们。我们对你们说,只要我们仍旧能够自由选择良好的建议(euboulia),我们就不要解除协议,不要破坏誓约,而是根据协定通过仲裁来解决我们之间的分歧。在伯利克勒斯的第一篇演说开始时(1.140.2),他仍旧坚持这种态度。他说,通过仲裁来解决分歧,这已经是达成共识的。在演说结束时(1.144.2),他重申根据协定来仲裁的愿望。伯利克勒斯补充说,"我们不会挑起战争,但我们坚决抵抗那些这么做的人(archomenous de amynoumetha)"。实际上,出使斯巴达的雅典人作为离别最后一句话所说的也是同一观点。"让我们凭起誓订约的神做见证者,如果你们挑起战争(amynesthai polemou archontas),我们将会尽一切力量捍卫自己,抵抗你们。"①

由此,出现了两个重要问题:雅典人真的发表演说了吗?他们说了什么?被归为雅典人的演说辞真的具有挑衅意味吗?演说辞是有意挑衅吗?卡根(Kagan)用令人释惑的坦率回答了第一个问题:"如果我们否认他对事实极为直白的那些描述,我们必须放弃研究他声称所要描述的历史的任何希望。"②当说到雅典人实际说过了什么这个问题时,[48]我们必须在修昔底德对演说辞的概括与修昔底德引用的演说辞之间作出决定。前者是作为尽可能接近真实所说的内容与被斯巴达人理解的内容而得到坚持。这意味着雅典人通过演说来表达他们力量的伟大,然而他们实际上运用了基于自身德性和节制品质的论述。因此,演说辞本身含有雅典人实际所说的内容与修昔底德认为情景要求雅典人所说的内容。关于第二个问题的答案,我们认为演说辞对斯巴达人来说的确有挑衅意味,但雅典人绝无挑衅的本意,修昔底德澄清了这一差别,[他的做法是]:在对演说辞的概括中,强调雅典人展示他们的力量,而在演说辞本身中,强调雅典人是把重点放在他们的节制和正义上的。

雅典人在斯巴达的演说辞包含对雅典民主的一种道德

---

① 参见 H. D. Westlake 对这一点以及相似的"不悦结尾"(stings in the tail),*Greek, Roman, and Byzantine Studies*(《希腊、罗马和拜占庭研究》)12(1971):页500。

② Donald Kagan, *The Outbreak of the Peloponnesian War*(《伯罗奔尼撒战争的爆发》), Ithaca, 1969,页293-300,尤其是页293。参见 Schwartz 表达出的相反观点,*Geschichtswerk des Thukydides*(《修昔底德的纪事作品》),页105,以及斯塔尔的 *Thukydides*,页43。

辩护。将雅典人在斯巴达的演说辞同雅典将军在米洛斯以及攸菲姆斯在卡马瑞纳的演说辞进行对比，就能清楚地说明阿尔喀比亚德的犬儒主义与伯利克勒斯的理想主义之间的差别。这意味着在雅典人出使斯巴达的演说辞中，我们拥有一个伯利克勒斯时代有关雅典帝国的荣耀和德性的真实陈述。

修昔底德笔下的演说中的特殊与普遍

汉孟德(N. G. L. Hammond)

[49]在使用"特殊的"和"普遍的"词语时,我是在提出一个区分。我认为修昔底德在《战争志》(1.22)中宣布演说辞的规划时暗示过"特殊的"和"普遍的"这一区分。"演说辞的写作按照这两个标准:一方面,使每一批演说者说出根据我的判断同各种场景之基本要求(essentials)最为契合的内容,另一方面,我坚持尽可能地贴近实际所说内容的大意。"在演说者在特殊场景的实际言词和大意这一方面,同根据修昔底德自己的判断理应表达出场景要求说出的话(ta deonta)的论述的另一方面,修昔底德进行了对比。后一方面的论述都是"根据修昔底德自己的判断"设想出的,肯定包含了普遍陈述(universal statements)与特殊陈述(ad hoc dicta),[50]因为这些论述都是修昔底德从特殊场景中作出的普遍推论(the universal deduction),而作为一个历史学家他自然对特殊场景产生兴趣。这些论述是修昔底德《战争志》中的盐(the salt of his history)。① 实际上,提出普遍推论的能力是伯利克勒斯时

---

① [译注]《新约·马太福音》,主耶稣对门徒说:"你们是世上的盐。盐若失了味,怎能叫它再咸呢? 以后无用,不过丢在外面,被人践踏了。"在此,作者借用圣经典故,认为修昔底德的普遍推论是《战争志》的重要部分。

代的一个标志。在索福克勒斯的悲剧中我们看到同样一种"特殊之物"(the particular)和"普遍之物"(the universal)的区分。实际上,亚里士多德已经在《诗学》中极为清楚地表述过我要寻找的这种区分。他比较过特殊之物(ta kath'hekaston)和普遍之物(ta katholou)。① 由于亚里士多德区分出悲剧中那些修辞类演说辞或政治家类②演说辞,所以我认为亚里士多德持有同样的区别(the same contrast)。因为政治家揭示出那些只有通过分析事实情景才能得到的普遍适用的基本情形或基本原理,而修辞学家关切的只是处于特殊时刻的特殊听众。在下文中,我打算把重点更多地放在普遍的、政治家类的部分内容上,而非特殊的部分或修辞的部分。

第一个例子是伯拉西达在林库斯的演说(4.126)。特殊部分不多,[主要有]:被遗弃的希腊人的气馁,伊利里亚(Illyrian)野蛮人挥舞着长矛嘶喊,富有策略的伯拉西达建议坚决顶住进攻,在环境允许时有序地撤退。普遍部分非常明显,它们就是伯拉西达所说的最重要的东西(ta megista)的东西(126.1)。这些普遍部分主要有:战争之中的勇猛是因为德性(aretê),而德性本身是在一个自由的、不为军人集团主宰的社会中形成的;任何未知的对手都是令人担心的;如果他表面上很强而实际上很弱,那么对其真正实力的了解是有利的,如果他表面上弱而实际上很强,那么对其真正实力的了解则不会带来好处;自由无序的战斗会让士兵逃跑,而在

---

① *Poetics*(《论诗》)1451b 4-11。

② 《论诗》1450b 7:hoi men gar archaioi politikôs epoioun legontas, hoi de nun rhêtorikô(政治技艺与修辞技艺的任务就是研究我们的说话方式)。

纪律下的军团作战则关系到荣誉感和坚守岗位的义务和责任。

让我们来回忆一下这次演说的场景。黎明时分,伯拉西达发现他的盟友已经离去,野蛮人即将发起进攻,因此,他召集那只由希腊人组成的混杂队伍,匆忙进入战斗秩序,在战前激励时刻进行演说。对我来说,伯拉西达有时间在黎明时分从一个特殊场景得出这样一些普遍结论,是不可思议的。毋宁说,[51]这些普遍结论是修昔底德自己对"场景之基本要求"的贡献(contribution of ta deonta)。在伯拉西达的演说中,普遍部分远远超出了特殊部分,这不但是因为修昔底德偏爱普遍之物,而且是因为这一事实:修昔底德已不可能得到伯拉西达的实际言词。因为修昔底德在流亡后碰到的任何目击者对那些几个月之前或几年之前说过的话只会有微弱、模糊的记忆。由此,在修昔底德运用那近似完全自由的写作之时,他将演说辞当做是一个极端事例的模型(a model of extreme instance)。

接下来一例是科基拉人(Corcyraean)与科林多人(Corinthian)的辩论(antilogia)(1.32-43)。在这起事件中,修昔底德或许亲自在场,如果不在场的话,他也有能力很快就得到全部信息。而且,与伯拉西达不同,两个使团的演说都围绕着一个准备好的简短内容。科基拉人的演说从对具有普遍意义的孤立主义(isolationism)的反思(32.1)开始,并将这些反思应用于特殊场景(32.2-5)。此后,他们的说法很特别:此时结盟会给雅典人带来好处(33),结盟不会破坏目前的和约,雅典人帮助科基拉人而非科林多人,才会带来公正和划算(34-35),最后是对这一说法的概括。科林多人的演说从反驳前面的一些特殊论述开始:他们认为对科基拉人来说孤立主义是对其在爱皮丹努斯(Epidamnus)胡作非为和不讲信义的一种伪装。接着,他们引入有关仲裁的具有普遍意义的陈述:如果一个仲裁请求出自公正行为,那么这个请求就是真诚的,如果这个请求是在肆无忌惮的恶行之后提出的,那么这个请求就是不真诚的。(39.1)这个陈述被应用于爱皮丹努斯的特殊事例之中(39.2)。接下来是一个特殊陈述:目前和约的精神(40.2),雅典和科林多相对于各自臣属城邦的地位(40.2),科林多人要求得到雅典人的感谢(40.4-41),对以上要点的总结以及一些次要的观点(42-43)。在最后这一部分中,一些普遍陈述被纳入其中,用以支撑特殊论述:在战争如火如荼之时,一个城邦会把任何结盟方(any ally)都当做朋友,把任何对手(any opponent)都当做敌人,不管以前的关系如何(41.3);最有利的政策就是那种最能避免错误的政策(42.2);一个城邦在同与自己实力相当的城邦打交道时,避免挑衅、攻击,比获得片刻的好处而由此危及长远的将来更加稳妥可靠(42.4)。

[52]在这场辩论中,或者不如说是在对这场辩论非常简洁的总结中,特殊论述(particular arguments)在很大程度上占主导地位,就如同它毫无疑问地在实际场景占主导地位一样。普遍陈述相对比较少,被纳入其中的大多数普遍陈述都是为了支撑那些特殊论述。在我看来,只有一个普遍陈述作为中心思想,而非常引人注意。这一普遍论述位于科基拉人演说辞的开始处,体现了对孤立主义的反思,或者说是修昔底德的反思。由此,在我看来,当修昔底德叙述了实际言词的大意,又增补了相对较少的他本人对基本要求[what is essential(ta deonta)]的主观理解时,对这次辩论的叙述充当了一个极端事例的模型。

在提出这两个模型之后,我转向考察公元前424年的革拉大会(4.59-64)。根据修昔底德,而且在现实中也没有疑问的是,这次大会主要关注一些对立的主张(rival claims)(antilogiai;58,59.4 和65.1)。然而,修昔底德没有提供这些对立主张中的任何一个,相反,他提供了赫摩克拉特斯所作的一个演说,此人"事实上极力说服众人"(hosper kai epeise malista autous,4.58)。修昔底德如何以及何时获得有关这篇非常有影响的演说辞的相关信息?毕竟,公元前424年,没有雅典人出席过那次会议;西西里剧场事实上已经关闭了大概九年多;如果修昔底德曾经拜访过战争之时的西西里,那我们也只能推测出是公元前415年叙拉古(Syracuse)远征之后。当时的听众还能对赫摩克拉特斯的演说辞(那次大会中众多演说辞中的唯一一篇)回忆起什么?会非常少。但是,赫摩克拉特斯本人自然能够至少回忆起演说辞的大意。修昔底德认识赫摩克拉特斯吗?答案几乎肯定是"yes",这有下述原因。修昔底德给予赫摩克拉特斯三篇长篇演说辞(4.59-64;6.33-34;6.76-80)、两篇据传闻而知的演说辞(6.72.2-5 和7.21.3-4)和几则轶事。单单篇幅就足以令人惊讶,而且相关轶事的类型也比较特别。其中一则轶事(7.73)用详尽的细节描述了赫摩克拉特斯和执政官之间的一次谈话,而且在转述这次谈话时,修昔底德为赫摩克拉特斯增补了富有启发性的评论,即"他所说的是他真正所想的"(legôn tauta ha kai autô edokei),[53]之所以可以推测出这一评论主要是因为赫摩克拉特斯对过去事件的一个评论(a remark post eventum)。修昔底德接着从赫摩克拉特斯的角度叙述了执政官的回应(73.2),描述了参与同敌人沟通的赫摩克拉特斯一些同伴(hetairoi)所实施的计谋。其他一些轶事描述了赫摩克拉特斯和提萨佛涅斯(Tissaphernes)之间的关系以及各自提出反对对方的指控。当时,这样的谈话和控告在色诺芬那里或许是虚构的,但是修昔底德却担保他们的正确性(akribeia)。修昔底德从赫摩克拉特斯本人那里知道了这些对话和控告,这似乎确定无疑。如果我的推断正确,修昔底德是公元前413年9月后在西西里,还是公元前412年在爱琴海,或者随后作为流放者在战争中遇见赫摩克拉特斯,这并不重要。重要的是修昔底德获得赫摩克拉特斯公元前424年演说辞基本内容的信息是在十年或不止十年的更长时间之后;修昔底德是在战争中或是在完成第6卷和第7卷以后,撰写了这篇演说辞。简而言之,这是修昔底德最晚成稿的一篇演说辞。

我们现在来考察演说辞本身。赫摩克拉特斯在自我介绍后从一个疑问与具有普遍意义的回答开始演说:"人们为什么要发动战争?""不是因为不知道他们在做什么,[而是因为]他们为了打造获取利益的机会并避免损失,[由此]并不害怕战争的危险"(59.2)。这个概括多多少少可以同下一个概括产生关系:"战斗者唯有在敌对状态不合时宜(untimely)的时候才会考虑任何停战协议。"(59.3)第二个概括应用于特殊场景中,因为当西西里的个别城邦过去已经参加战争,而且可能会在未来由于自身利益而发动战争时,应该意识到敌对状态目前还不合时宜,雅典人此时正在旁观——雅典人是头号帝国主义者(59.4-60)。

接下来是另一个普遍陈述:"唯有在一个城邦有希望借此获得新领土的情况下,它才应该回应盟友的诉求。"(61.1)这个普遍陈述随后被应用于当时的特殊情景中,因为西西里人的分裂以及雅典人对西西里的图谋,所有的西西里人事实上都将丢失领土。由此,拯救西西里的方式就是让人与人、城邦与城邦和解(61.1-2)。接下来,引入了那一天主题性论述,[54]大意是在这个情势下种族分裂没有意义,因为雅典人图谋取得西西里的所有财富。通过列举雅典人对勒翁提尼盟友(与雅典人的种族来源完全相同)诉求的回应,最后一点得到相当粗略的证明(61.4)。

一个普遍陈述出现在对雅典帝国主义的提及中:"帝国主义是可以谅解的,因为'统治屈服者,捍卫自己,以防御攻击者,这是永恒不变的人类本性'。"(61.5)这一普遍学说没有得到应用。因为接下来,西西里人在他们自己人之间订立停火协议,并驱逐雅典人以回应对雅典人的共同恐惧,这才有可取性,从而不是通过战争来结束战争,而是通过建立和平来结束争执(61.6-62.1)。

接下来是一个长段落,它包含对和平与战争的普遍反思(62.2-4)。我认为在众多演说辞中这个段落在长度与内容上都是独特的。和平肯定要比战争可取,它既有助于保持繁荣,也更有助于失败后的复苏。战争是一把双刃剑,无论是那些拥有武力优势的人们,还是那些拥有道义优势的人们,他们都无法确保战争的成功。事实上,在大多数情况下,亲临他们的往往是灾难,以至于那些相信武力优势的人们可能会丧失已经拥有的,而不是攫取更多,那些相信道义优势的人们可能会被摧毁,而不是讨回公道。在任何战争中,最有决定性作用的因素是未来的不可预测性。如果意识到这一点能让我们在进攻他人之前三思,那么这种意识是非常有益的。

在第63章中,我们相当突然地被带回到特殊场景之中。终止目前的战争有三方面的原因:对一切未知之物的无限恐惧(the charted fear of the unknown),对雅典人到来的真实恐惧(the actual fear of Athens),因这两者(一切未知之物和雅典人的干涉)给我们各自政策带来的挫折。所以让我们把雅典人驱逐出去,并在我们之间达成和解,保持我们自己的行动独立,避免依赖其他人。我们必须相互妥协,包括叙拉古,不要认为这样做是丢脸的。修昔底德在此引入一个具备两个方向的(two-pronged)概括(64.1):为了损害敌人,却以给自己带来更大的损害为代价,这是愚蠢的,[55]而且以一种对抗精神(in a spirit of contentiousness)猜想只要掌控了自己的计划就可以掌控环境,这也是愚蠢的。这个概括并不适用于特殊案例。赫摩克拉特斯采用当时的策略(the policy of the moment)继续说下去。让我们把西西里留给自己,如果我们明智的话,我们总是会联合起来抵御外敌,而决不会将其他盟友或仲裁者引入我们西西里岛。通过这些做法,我们现在就将消灭雅典人,并维护我们未来的自由(63-64)。

回顾一下,同科基拉人与科林多人的演说辞相比,赫摩克拉特斯演说辞最为显著的地方在于:特殊论述只占整篇演说辞的很小一部分。这些论述关注的是西西里城邦需要相互妥协并达成停火协议,因为雅典人的出现会更进一步地导致敌意与战争,从而危及整个西西里地区。这些特殊论述与历史叙事联系在一起,这些历史叙事有:西西里城邦的各种主张及其相反主张(58),叙拉古把摩根提那(Morgantina)退还给卡马瑞纳(Cmarina),雅典人的离开(65)。然而,普遍论述与历史叙事根本就没有联系。这一点之所以较为明显,是因为修昔底德的确从整个西西里事件引出一个普遍教训(65.4):雅典人在西西里的野心并不现实,一系列的意外胜利(hê para logon tôn pleonôn eupragia)带来乐观情绪,让雅典人野心膨胀,而人们在乐观情绪中总是不能容忍反对意见。这一普遍教训适合于公元前424年以及阿基德米安战争(the Archidamisn War)。实际上,这个普遍教训可以被认为是第4卷的主题。

而且普遍陈述似乎不但不适合于演说辞的特殊场景,而且甚至也不适合于阿基德米安战争。(1)"人们为什么要发动战争?"修昔底德将第1卷的大部分篇幅都投入在这个主题上。(2)"帝国主义是可以谅解的,因为统治屈服者,正如捍卫自己以防御攻击者,这是永恒不变的人类本性"。第 1 卷、第 2 卷和第 3 卷都有大量关于帝国主义的内容,但在那里帝国主义要么是优异能力的结果(the fruit of merit),要么是政策的结果,同时要么帝国主义被伯利克勒斯时期雅典的伟大证明为是合理的,要么帝国主义是权威的实施,[56]而这种权威有可能是"专制"(tyranny)的一种迹象,但放弃这种权威又太危险。相比于1.76.3处的例证,对帝国主义的辩护在此被更为大胆地提出。(3)"和平肯定要比战争更可取,它更有助于保持繁荣"。在阿基德米安战争中,伯利克勒斯和其他人的论述是,能够让以雅典帝国为基础的繁荣得到保障的是战争而非和平,而似乎在公元前424年这些论述被证明是合理的。关于和平的这一条概括变得适用于雅典繁荣案例,仅仅是在西西里灾难和一些臣属城邦的叛乱之后。(4)"战争是一把双刃剑,因为胜利既不与武力相伴,也不与道义相伴,以至于在大多数情况下,那些起初拥有武力优势的人们失去他们已经拥有的,那些拥有道义优势的人们则最终被摧毁"。第 1 卷、第 2 卷和第 3 卷都有一个强烈暗示,即一个明智的政治家和一个明智且富有进取心的社会能够预言战争结果:地忒米斯托克利斯斯和伯利克勒斯就是具体事例(1.138.3,1.144.1,2.13.2 和 9,2.65.5-7 和 13),雅典人通过"智慧而非运气,进取心而非权力"(gnômê te pleoni ê tychê kai tolmê meizoni ê dynamei,1.144.4)赢得战争,并扩张了雅典帝国。在此,这种信心已不存在:历史揭示了一个新的真实,起初拥有武力优势的雅典,到公元前405年为止,甚至丧失了它已经拥有的东西。那谁拥有道义优势呢?可以确定是米洛斯(Melos),但米洛斯人已经完全被摧毁。(5)"在任何一场战争之中,未来的不可预测性是最具决定性的因素"。

伯利克勒斯在公元前431年并不这么想,因为他声称战争之中的大多数事情都主要取决于政策(gnômê)和资金储备(periousia chrêmatên, 2.13.2)。在前面的卷章中,修昔底德提出一个普遍假设,即智慧(gnômê)和勇气(tolma)发挥着主导作用。这个看法也已不存在了,它什么时候消失的?阿基德米安战争实际上既证明了伯利克勒斯的观点,也证明了修昔底德提出的普遍假设。然而,最后狄凯里亚(Decelea)战争却并没有证明这两者之中的任何一个。实际上,在关键阶段,在叙拉古的几日中,在阿葛斯伯特米(Aegospotami)的最后几日中,得到证明的却是相反观点,即未来的不可预测性是决定性因素。(6)"如果我们意识到了未来的不可预测性,我们应该在进行战争之前三思"。或许,甚至伯利克勒斯也没有在对胜利的自信预测中考虑过这个因素。[57]修昔底德或许在完全与彻底失败的苦涩中才清楚地意识到这个因素。(7)"为了损害敌人而给自己带来更大损害的战争的愚蠢,以及认为自己在掌控机遇(tychê)这一设想的愚蠢"。这一真实不但在叙拉古事件中变得显而易见,而且在狄凯里亚战争的最后阶段中甚至变得更为昭彰显著,激进民主派此时主要相信的是运气,并且依赖运气而作战。

在我看来,修昔底德让赫摩克拉特斯说出的普遍观点似乎可以让我们了解在这场漫长的战争接近尾声或已经结束之时修昔底德本人持有的想法。在战争开始的时候,如同索福克勒斯那样,修昔底德起初相信人的自主理性(sovereign reason)和勇敢的进取心(courageous enterprise)。他看到雅典人已经打败墨得斯人(the Medes),创建了一个帝国,建造了伯利克勒斯的城邦(the Periclean state),这更多的是通过理性和进取心,而非偶然和庞大的军队(by chance and big battalions)。他持有与伯利克勒斯相同的信念,这一信念本身是建立在理性和进取心的品质之上,即雅典人将赢得在一切时代中最伟大的战争的胜利。实际上,他暗示,几乎直到战争以雅典失败而结束时(2.65.13)雅典人还坚定地持有这一信念。而且,如同索福克勒斯那样,修昔底德意识到在战争中的意外之事(the unexpected),就像在生活中那样,即所发生的事情往往会与人们的盘算和期望相反。这样的意外之事进而会导致形势突变(peripeteiai),例如在皮洛斯[出于机遇(es touto te periestê hê tychê, 4.12.3)]。但修昔底德的信念——人的理性和进取心最终会占上风——坚持了很多年。因此正是出于这个信念,他才撰写了一部阿基德米安战争志,现在作为《战争志》第1卷的内容主要属于这一写作时期。对此,我也在其他地方论述过。①

接下来,战争进入第二阶段。在随后几年中,修昔底德完成了西西里远征的写作,而且继续撰写《战争志》的其他主要内容,修订他以往撰写的历史。在战争的这一阶段中,修昔底德的信念开始转变。伯利克勒斯民主政体的状况或许再也没有表面上那么好了。这时就5000人寡头制(8.97.2),有更多的东西可以说。对理性和进取心的伯利克勒斯式信念或许一直太过于乐观,[58]甚至成为幻觉,因为被证明为主导这场战争的不是理性和进取心,而是未来的不可预测性和命运女神(hê tychê)的狡计,而命运女神不但被索福克勒斯而且被欧里庇得斯抬高到神祇的地位。当修昔底德的思想开始转到那个方向时,他可能开始怀疑最初写作《战争志》时所抱意图的价值(用源自理性和进取心的那些政策带来的教训指导后人),因为不是理性和进取心,而是命运在控制事件的结果。现在,他感到在逻辑归纳和推断普遍陈

---

① 《古典季刊》34(1940),页149。

述上所作的准备并不充分,所以,他放弃撰写更多的演说辞。我们在革拉大会上赫摩克拉特斯演说辞中读到的内容可能就是他所作的最后归纳之一:"在任何一场战争之中,未来的不可预测性是最具决定性的因素。只要我们意识到这个因素,我们就应该在相互进攻之前三思。"

用一个推测来结尾是合适的。修昔底德是什么时候意识到智慧和进取心并不能让人赢得战争胜利,希腊人注定会失败的? 公元前 413 年,未来前景在雅典公民看来非常糟糕。修昔底德描述了他们的愤怒、恐惧和惊惶(8.12),而且他说雅典人在那时失去了挽救自己的希望。整个希腊地区的普遍预期也是战争不会持续太久,而且会以雅典人的失败而告终(8.2.1)。然而,修昔底德并没有针对那个场景作出他本人的评论,他仅仅让事件来表现那些悲观的预期。公元前 411 年,未来前景显得更加糟糕。在雅典舰队被打败以及优波亚(Euboea)被丢失后,雅典的惊慌更为严重:"雅典人收到到目前为止最令人震惊(ekplêxis)的消息。"(8.96.1)这时,修昔底德作出自己的评论。"难道他们不正是处于失望之中?"(pôs ouk eikotôs êthumoun, 8.96.2)"如果斯巴达人更有野心的话"(ei tolmêroteroi êsan, 8.96.4),他们当即就会让雅典人屈服、下跪,但斯巴达人根本就没有野心。处于雅典人这一边的是智慧的敏捷和进取精神:因为他们既敏捷(oxeis)又进取(epicheirêtai)(8.96.5)。这些评论表明,修昔底德那时持有的信念依旧是战争结果由智慧和进取心的力量决定。实际上,在《战争志》结束之前的几章中,修昔底德作出这样的评论:[59]雅典人相信所处的形势是,有可能赢得胜利。我们也不能怀疑,当他看到阿尔喀比亚德的成功经历(智慧和进取心的体现)时,他也持有与雅典人相同的信念。

因此,只有在公元前 406 年波斯雄心勃勃地加入战争时,对最终失败的恐惧或许才再度被激起。公元前 405 年,在阿葛斯伯特米,恐惧是确定无疑的。由此,我的问题的答案是,只有在公元前 405 年修昔底德才意识到智慧和进取心在结局上并不具有决定性的作用。因此,对于我来说,唯有在公元前 405 年及其后修昔底德才将未来的不可预测性而非智慧和进取心的品质作为战争的主要决定因素。

在公元前 404 年左右,修昔底德正在做什么?为什么他没有写完公元前 411 年之后的事件,也没有把他对战争志中那部分的观点保留下来?现代希腊政治(modern politics in Greece)或许提醒我们要注意现实。修昔底德返回那个叛国的寡头政体中,度过了公元前 404 年到公元前 403 年的内战。或许,要写完公元前 410 年之后那段时期的历史,既非常困难,又太过危险,阿尔喀比亚德已经是争议的起因。他或许倾向返回雅典,运用赫摩克拉特斯的西西里演说辞,表达逆耳忠言(home truths)。

卷六和卷七的演说辞与事件过程

斯塔尔(Hans-Peter Stahl)

[60]有关《战争志》中演说辞与叙事之间关系的学术判断已经发生很大改变。几乎可以毫不夸张地说,曾经有一段时间,《战争志》的阐释者们认为修昔底德讲述的事件过程所包含的仅是"赤裸的事实"(naked facts),那些或多或少由修昔底德代言的演说辞则被认为是告诉我们历史的意义的,否则历史的意义就会保持缄默。这种看法太过简单,同样也是错误的,并没有为我们学术界增添曾经拥有过的荣誉。因为,这种看法仅仅选择和关注《战争志》的一个方面,而忽视了这一事实:修昔底德常常给出很多对相互矛盾的演说辞(因而不可能都在表述他本人的观点,而且可能都没有在表述他本人的观点),有时他也针对同样一个问题给出四篇具有许多不同角度的演说辞。

如今,在断定哪一篇演说辞表达了修昔底德本人的观点上,我们已经学会谨慎从事,除非我们的主张能够得到一个修昔底德在其中公开以自己名义说话的段落(大多数是叙事中的段落)支撑。我们也不再像曾经所做的那样,将修昔底德看作雅典帝国主义政策的拥护者[61](我们已经学会倾听同样也是写在《战争志》中的雅典臣属者的声音),而且也不再像过去所做过的那样,天真地断言修昔底德演说辞告诉我们修昔底德自己的观点和信念,相反,我们会认真与仔细地区分,例如将伯利克勒斯令人倾慕且富有逻辑的规划,同伯利克勒斯在有关人性的相关判断上的失败(人类本性在身体与精神上是普遍不稳定的,因而不可信任)区分开来。而且,只是到了现在,我们才开始意识到修昔底德演说辞的风格虽在表面上具有同质性(让这些演说辞在表面上看起来都是相似的),但却包纳了人物个性的差异。例如,阿尔喀比亚德使用具有较多排比且相对简单的演说方式,而其对手尼基阿斯(Nicias)则运用主从结构,其复杂程度在《战争志》中几乎无人能及。①

无须说,但并非无须强调的是,所有上述特点不可能意味着,就修昔底德而言,作者—读者关系的变化。因为,他的著作文本已经两千多年来没有改变,变化的是我们:作为阐释者,我们自身面对一个学习过程,这个过程让我们重新发现,并越来越多地体会到修昔底德有意纳入演说辞中诸多方面与维度的丰富性(the richness of aspects and dimensions)。放弃在我们这一学科早先在这方面持有的各种立场,并不意味着我们匮乏,与之伴随的反而是视野的不断开阔。

对于历史学家来说,从演说辞转向叙事,认识到他们的学科从来不曾有能力得到自然科学一度宣称拥有的那种客观性,或许是苦涩的一课。但是,我们已经知道,对任何一组历史事实的纯粹叙事已经暗含了一个主观因素(因为描述包括判断、评价、选择、安排,简而言之就是阐释)。我认为,承

---

① 参见 Daniel P. Tompkins, *Stylistic Characterization in Thucydides: Nicias and Alcibiades*(《修昔底德笔下的类型化人物性格:尼基阿斯与阿尔喀比亚德》) Yale Classical Studies 22(1972):页 181-214。

认任何历史叙事中暗含的主观特征,同样也会让我们在这个领域中更加充分地重新发现与评价修昔底德为选择和描述事件而应用的那些概念范畴。被人们宣称是客观的历史知识中的损失,可以通过获取修昔底德作为作者向观众之中的文学人士提供的鲜活方面(live apspect)来弥补。

[62]我们甚至可以获得更多的东西:通过放弃"演说辞是对作者的代言"的任何天真实论,代之以重视演说辞的戏剧场景(例如演说者本人有限的角度),我们可以再一次让修昔底德变得更加智慧,同时让他不像他创作出的演说者那样短视。事实上,我们可以让修昔底德通过他自己对事件的描述来纠正那些演说者。这样评价演说辞与事件过程的关系,几乎颠覆了我在文章最初总结的那种看法:不再用演说辞来解释事件,直截了当地说,而是用对事件的叙事来解释演说辞,这似乎才是阅读《战争志》的恰当方法。

[方法的变化]带来的影响是深远的。例如,修昔底德宣称用科学态度对待历史,他常常因此得到赞美,主要是因为他的演说者在分析形势并预测未来形势发展时采取了一种科学的(尤其是诊疗式的)方法。然而,如果现在证明了,不是演说辞而是紧随演说辞的叙事,包含修昔底德对预测方法的最终看法或对演说者运用预测方法所采取方式的最终看法,那么修昔底德似乎不再是以科学态度对待历史的代表者,而是此种科学态度的批评者。对于我们来说,修昔底德不但成为一个战争志的史学家,而且成为了一个参与战争各方力量之思想史的史学家。在记录这些反思或理论及其应用时,修昔底德超然于它们之外,而且他本人不一定持有它们。

如果说只有将演说辞和事件过程结合起来,才能使我们得出修昔底德的完整判断,而人们并不总是意识到这一点,那么我必须重复一遍,忽视演说辞与事件过程的复杂关联是我们的过错,而非修昔底德的过错:为了能够评价修昔底德的高超写作技艺和深刻思想,我们必须要经过一个学习过程。(我想插一句,对于演说辞中的情感表达及它们在未来的事件过程中的影响,也同样如此。为了避免不必要的复杂性,我也将它们放在思想史的名下加以研究。)

如果成为一位伯罗奔半岛战争的思想史家(就他最高层次的意图而言)确实是修昔底德的本意,那么我们当然有兴趣了解,[63]他为理解事件之思想过程而选用的术语,以及他想向读者提出的他本人的最后判断。这些导论性的论述提出建议让我们采纳这样一个程序,以此让我们通过逐渐拓宽视野的三个步骤来评价与阐明这个问题。

(1)第一个步骤是把演说者对过去、当下或未来形势发展的反思,同之前或随后的叙事进行比较。在此,我们处于相对牢靠的基础上,往往能够明确地说明修昔底德对演说者的判断是什么。

(2)困难在第二个步骤中:如果在第一个层次上,我们根据修昔底德的线索追溯了单一的行动单位(single units of action)(它们由演说辞与针对演说辞的事件构成),然后出于明晰的考虑,我们分解了《战争志》中较为错综复杂的正文(它们由许多行动单位及其在行动与反应中的相互作用构成)。现在,在第二个层次上,我们的分析对象就是这种相互作用。在此,演说辞本身能够成为事件,而且一篇演说辞的背景可以揭示出,演说的听众是以与演说者本人期望传达的信息不同的甚至相反的方式来理解演说。从对如此复杂文本结构的分析中,我们期望得到的结果绝不应该是一种简单的甚或可复制的有关"如何研究历史"的技术理论,而是对人类在面对战争之各种偶然性时前后相继之情绪与反思的描述。为了说明起见,我选择第 6 卷与第 7 卷,因为这两卷的主要内容(所谓西西里远征)提供了相对统一的有限的行动所具有的优势(the advantage of a limited action of relative unity),修昔底德本人将这些行动扩展并形成一个整体。

(3)理想地说,第三个步骤就是在修昔底德描述的战争与战争之间进行比较。如果他向我们描述的完整战争还不到两次,为了确认他所宣称的计划(1.22.4),即他在历史中发现了根据人类处境不可避免地重复出现的特征,我们应该尝试比较那些规模尽可能大的行动单位,他本人所准备描写的也正是这样的行动单位。其中一个较大规模的行动单位就是第 7 卷与第 8 卷描述的西西里远征。将这一行动单位与修昔底德提供的其他较大规模的行动单位(伯罗奔半岛战争)进行比较,显然超出了本文主题的限度。由此,[64]我们将不得不把第三个步骤的分析限定为结尾处的简短概括。

我已经描述了本文中一般性部分,它比我通常所描述的要更长。我原本希望以归纳方式写作本文。比如,在听众或读者面前,考察修昔底德的文本提供的所有材料,然后再提出我的各种结论。然而,这会超出本文有限的篇幅。由此,我在描述了一般性部分之后,现在将尝试通过从大量材料中选出一些典型案例,来证明一般性部分之中的论题,并阐明其中的主张。

一

现在让我们转向第一个步骤,把演说者对历史进展的反思与事件本身的实际过程进行比较。出于这个目的,我选择第 6 卷篇首的阿尔喀比亚德与尼基阿斯的演说辞。简单地评论一下演说场景是有帮助的:在西西里,两个城邦相互交战,分别是塞林努斯（Selinus）和塞吉斯塔。塞林努斯成功地召请叙拉古人援助，而在塞吉斯塔人这一方，他们则转向寻求雅典人的支援。修昔底德在此运用了两个重要论述：（a）如果允许叙拉古帮助塞林努斯，进而不因为叙拉古使勒翁提尼城邦人口减少而受惩罚，叙拉古甚至可能很快就将日益增强的力量转向对抗希腊中部的雅典帝国。（b）塞吉斯塔人会提供"为战争所用的充足金钱"。这是事件升级的一个经典案例，与第1卷导致伯罗奔半岛战争爆发的爱皮丹努斯的事件升级相似，不过后者有两个阶段：首先是科基拉与科林多的敌对，接下来是雅典与斯巴达的敌对。在公元前416年，除非受到公开邀请，否则一向不愿干涉他人的雅典，对塞吉斯塔人求援根本就不乐意，因为无论如何雅典人都要征服西西里。但是，雅典人至少谨慎到向塞吉斯塔派出一个使团，带着考察塞吉斯塔人提供的金钱是否真的存在的命令(6.6)。第二年春天，使团带着尚未制成钱币的六十塔伦特银子和一份"有吸引力但却是虚假的"①报告返回，这笔钱是六十艘雅典战舰一个月的花费。雅典人投票赞成派出六十艘战舰，五天以后，又再次开会讨论了进一步装备远征军的问题。[65] 尼基阿斯被选为远征军的指挥官，但这违背了他本人的意愿。尼基阿斯关心他的城邦，并利用机会要求重新考虑[远征计划]。阿尔喀比亚德同样被选为远征军的指挥官，他反对尼基阿斯的意见，这更多是出于个人原因，因为修昔底德本人告诉我们这一点(6.15)：他希望获得个人声望，并通过西西里的军事胜利避免个人破产。当尼基阿斯被问及他本人对所必需的军事装备的评估时，他又作了另外一个演说，通过让雅典人直面他对战争物资的巨大要求，再次尝试让雅

---

① 我使用了克劳利的译文。

典人改变主意。

第二次大会中的三篇演说辞提供给我所需的那种类型的丰富资料。读者很快意识到,修昔底德本人赞同尼基阿斯的观点,而雅典人并不听从尼基阿斯。如同第15章中的修昔底德本人一样,尼基阿斯谈到阿尔喀比亚德对声望和财富上的个人动机(12.2)。关于宣称在西西里等待着雅典人的那笔钱,尼基阿斯说:"你可以肯定的是,这笔据说已在塞吉斯塔准备好的钱,在口头上比在任何其他意义上更容易存在。"(22)这段话直接回应了修昔底德对那个报告所说的话,即"报告,有吸引力但却是虚假的……尤其针对金钱"(8.2)。在阿尔喀比亚德和尼基阿斯之间,存在一些直接冲突:"西西里城邦的居民都是由多个种族混杂而成的乌合之众,其政体很容易被改变。"(17.2)在另一方面,尼基阿斯说:"我们将要征服的那些城邦很强大,他们之间并不相互臣服,或者需要变革……"(20.2)尼基阿斯甚至都对他们所可能有的行动作出了预言[运用了技术性术语 eikotôs(可能的)]。阿尔喀比亚德又说:"你不需要从这样一些暴民(即西西里诸城邦)中寻找议事会的一致意见或行动的协调合作。"(17.4)在此,阿尔喀比亚德也对他们所可能有的行动大胆提出预言。然而,尼基阿斯明确地考虑了这种可能性,即"如果城邦警惕并联合起来……"(21.1)。此后两年,这一考虑被证明是正确的。在一封发自西西里的信中,尼基阿斯告诉雅典人"一个大规模的西西里联盟组织起来抵抗我们"(7.15.1),因而事件后期的过程残酷地否定了阿尔喀比亚德。根据后期各种事件来看,阿尔喀比亚德自负高傲的断言显得更加诡异,"如果成功就留下,否则就返回,我们的海军将保卫我们的安全,因为我们在海上的优势将超过所有西西里人的总和"[66](6.18.5)。然而,在来自西西里的同一封信中,尼基阿斯不得不写道:"我们出征所花去的时间之久,已使我们的战舰船体腐蚀,人员损耗……"(7.12.3)我认为,毫无疑问的一点:只有把演说辞和事件过程结合起来,我们才能了解修昔底德的判断或谴责的全部影响。

到目前为止,我已经对每一案例中的两个或三个段落进行了比较。但是,我想要在案例中至少做到较为全面地追溯从演说辞到结局的发展,以便能较为清晰地说明修昔底德的表现手法。到目前为止,对于尼基阿斯关心的问题,我已经提到了阿尔喀比亚德的不负责任、远征缺少财源、西西里城邦联合起来的防御行动、一些大城邦内部的(以及民主的!)不稳定。我现在来分析一些实实在在的忧虑,它们随后被证明极为重要:除了金钱之外,尼基阿斯好几次提起异邦军队在西西里的补给与补给线路中的困难,尤为重要且被重复提及的是叙拉古骑兵带来的危险:在此,他实际上是从防御角度来谈问题[amnesthai hippikon(防御骑兵),6.21.1;pros to ekeinôn hippikon antechein(对付他们的骑兵),22.1],而根本不是从征服的角度!尼基阿斯要求弓箭手与投石兵抗击敌人的马匹,并考虑到向西西里地区雅典军队提供马匹的困难。随后,在雅典人的兵力目录中(其覆盖范围从科基拉到意大利南部),修昔底德列出由海上运送而来数以千计的士兵以及大量物资补给。在结尾处,他提到其中一笔最小的数目:"一艘运输马匹的船运送了30匹马。"(6.43)这是修昔底德用"不加评论"(no-comment)的方法提出的反讽吗?在西西里的第一次大规模战斗之前,修昔底德列出叙拉古人这一方的军事部署:"骑兵在右翼,足足有120名之多。"(6.67.2)同时,雅典人的确从塞吉斯塔得到了一些马匹(6.62.3),以至于[对比]关系不再像120对30那样,而是40对1那样。然而,实际上,没有评论比单纯的数字更加犀利。

随后的经验证实了尼基阿斯的演说辞,而这一不受欢迎的证实与金钱有关:在远征军离开科基拉,开赴意大利和西西里之前(同时在修昔底德列出对雅典人兵力总目录之前,我在上面提及过这个目录),[67]指挥官派出三艘战舰先行去搜集情报(6.42.2)。当大量远征军到达意大利,进一步考虑在意大利的行动之前,雅典人"等待派去塞吉斯塔的船只返回,以便弄清楚那里是否真有信使在雅典提到过的那笔金钱"(6.64.4),这明确地提到修昔底德本人对那个"有吸引力但却是虚假的"报告的评论。当船只返回,带来的消息是,塞吉斯塔只有少到极为荒唐的一小笔钱,修昔底德这时评论道:"如果说尼基阿斯对来自塞吉斯塔的消息有所准备时,他的两位同僚阿尔喀比亚德和拉马库斯则彻底被震惊了。"(36.2)尼基阿斯"有所准备":这是对他在第 6 卷第 22 章处之言辞无可争辩的证实,即金钱在口头上比任何其他方式上更容易准备好。由此,通过给予尼基阿斯以好评,修昔底德揭穿了阿尔喀比亚德(以及那些支持阿尔喀比亚德计划的人)。庞大的雅典军队并没有去夺取叙拉古,而是沿着西西里北部海岸行进,去塞吉斯塔拿数目很少的那笔钱(总共只有 30 塔伦特),路途中征服了西卡拉(Hykkara),以便将该邦居民变卖为奴(6.62),现金总数为 120 塔伦特。战争开始展现它的真实面目。

我现在从金钱问题回到马匹问题。夏季已经过去,这也是意料之外的因素。在公元前 415 年到 414 年冬季,叙拉古骑兵赶到雅典人在卡塔那(Catana)的营地,不断地辱骂、侮辱雅典人,并质问雅典人前来为了殖民还是为了军事胜利(6.63.2)。雅典将军必须有所回应,而且确实作出了回应。雅典军队引诱叙拉古人及其骑兵离开叙拉古行至北部,而且在夜间(在夜间!)航行,为在附近占据一地(奥林匹亚神庙,

the Olympieion),以作为在叙拉古南面的营地(65)。叙拉古人返回母邦后,迎接了一场战斗,被打败,除了他们的骑兵阻止了雅典军队通过追击叙拉古军队以获得全面胜利之外(70.3)。在战斗之后的一天,雅典人甚至离开了战场,航行返回卡塔那:"现在是冬季,看来暂时不可能与叙拉古继续交战,直到那些为弥补他们在骑兵上的完全劣势而从雅典运送的马匹以及在西西里盟邦征募的马匹送到,[68]同时拿到在该地区搜集的与从雅典运送来的金钱,获得为在春季进攻叙拉古的一场战役所需谷物和其他必需品。"(71.2)此外,"当他们派出一艘战舰到雅典索要金钱和骑兵,希望在春季得到"。金钱、马匹、补给:当尼基阿斯发现他在雅典所作的分析完全被后来的事件过程证实,甚至发展到他原本希望避免的程度,即他要求增兵。对他来说,这一切是一个多么悲哀的胜利!然而,在春季之前,形势仍旧很糟糕。叙拉古人不但给城邦建造了新的防御工事,他们甚至还进军卡塔那,"焚烧雅典人帐篷和营地"(75.2),此时雅典人已经离开他们的营地,撤退至冬季营地。很明显,叙拉古人对雅典营地的攻击表明了西西里力量对比形势的变化:庞大的雅典军队在春季开始时占据优势,它的力量现在削弱到与叙拉古力量相等的境地,这个变化在很大程度上是因为雅典人缺少金钱和马匹。

从雅典人最初占据优势与叙拉古处于劣势向双方力量平等与持平的变化,表明了西西里战争的新阶段。修昔底德通过卡马瑞纳大会以及叙拉古政治家赫默克拉底与雅典使者攸菲姆斯的一对演说辞,点明了形势尚未明朗的时刻,钟摆此时有可能摆动到任何一方:两位演说者都想通过争取卡马瑞纳成为盟友,以打破平衡;同时,双方在此刻也都缺少强迫卡马瑞纳的力量,从而便诉诸充满技巧的论辩。当然,双方都出于自己的便利而撒谎,但双方也都在对其意图有用的地方说出了真相。不过,很明显,卡马瑞纳会议是有关西西里战争思想史的一个部分,应该由本文下一部分对之进行分析,如果应该进行分析的话。现在,我将仅通过简短的评论,结束对尼基阿斯演说辞的考察。

我们都知道,当被包围的雅典士兵行进与取水,从来没有不被骑兵攻击时,或者当雅典士兵在最后阶段试图通过陆地行军逃离叙拉古时,[69]叙拉古骑兵在战争后期阶段所带来的影响有多么具有毁灭性。我们也知道,在整个战争期间,补给匮乏对雅典人产生决定性作用。应尼基阿斯之请,来自雅典的骑兵于公元前414年春季到达,还不到250人,而且他们来的时候并没有带马匹(6.94.4)。正如我们前面知道的,与1200名叙拉古骑兵相比,修昔底德就雅典骑兵所列出的最多数目总共只有650名。因此,难怪形势的缓解仅仅是片刻的,并没有持久效果,以至于它能决定性地改变一些其他相关因素。

二

我在前面说过,在论证的第二个步骤中,我将尝试说明修昔底德是如何写作西西里战争相关各方在思想方面(以及情感方面的)的历史的。无论它们被预料到(西西里财政境况对于尼基阿斯来说)或者没有被预料到(西西里财政境况对于尼基阿斯的同僚来说),这些事实都在人类心灵之中得到反映,有时类似于镜像方式,但也常常被扭曲。我们能够区分出西西里战争的三个部分(不必对此过于教条):(a)初始阶段,这时双方都处于各自力量的顶峰,甚或仍然在增强力量。相应地,双方对胜利都有很大(虽说不上狂热)的期待。(b)中间阶段的显著特征是某种权力平衡(例如,当双方都在寻求卡马瑞那的支持时),但这个平衡绝对不是稳定的:变化可能发生,例如,根据双方各自到达的援军,例如雅典的德摩斯提尼及其新兵部队在公元前413年到达(7.42),或者斯巴达人巨利浦斯到达叙拉古。相应而来的感受往往是事件已经失控,而且每一方不再是追求最初的胜利计划,而是必须让自己的行动适应当下各种事实。(c)最后阶段,当[雅典人的]骰子确实已经被掷出,正如结果表明的,决定性的变化不再出现。这或许是在尼基阿斯决定要同意占卜家,将离开西西里最后时间延迟到27天之后(7.50.4),或者是在最晚的时候,即叙拉古人在其大海港(Great Harbor)的胜利之后(7.52-54)。

正如我已经在这个考察中试图表明的,而且也正如我们都知晓的,在事件状态(the state of affairs)与各方心灵状态(the state of mind)之间倾向存在一种对应。[70]现在,我希望阐明的是修昔底德运用材料的技巧。他用这些材料来描述人类心灵的思想方式与态度,其中包括得到表述的事实(我们在本文第一部分中所见)和被记录下来的事件与演说辞。

我们从一个纯粹事实性甚至有些枯燥的段落开始,即有关西西里的第6卷开篇处,人们经常称之为"离题话"。这个"离题话"论及西西里的地理范围、巨大人口、城邦以及定居与殖民历史等,它是修昔底德的研究给人们留下深刻印象的、时常得到钦佩的文献记录(document)。但是,如果我们不考虑所谓"离题话"的背景,那么我们只会理解到修昔底德的部分意图。因为在"离题话"之前的一个句子中,修昔底德向我们介绍雅典人征服整个意大利的意图,他补充说:"大多数雅典人对意大利的疆域、希腊居民与野蛮人的数量,以及他们所正在进行战争的规模并不逊于抵抗伯罗奔半岛人战争这一事实,一无所知。因为(gar)……"。修昔底德用"因为"引入了离题话,可以合乎逻辑地认为,在有关西西里的章节中,他证实并详尽地说明了用于"大多数雅典人"的"一无所知"这一陈述部分(当然,尼基阿斯除外)。

通过提供不为人知晓的事实来描述"一无所知"的特点,似乎就是修昔底德的方法,并且并不仅于此,他也在其他地方运用同样的方法:针对所谓的僭主杀手哈摩狄乌斯(Harmodius)与阿里斯托吉吞(Aristogeiton)的离题话(Exkurs),也同样是被用来纠正错误信念,解释历史方面的无知(historical ignorance),而在错误信念与无知的引导下,整个雅典城邦都进入一种不合情理的疯狂状态。相似地,"五十年历史"(the pentechontaetia)(1.89-118)被用来表明斯巴达对雅典人日益增长的权力的恐惧是合理的。这两个"离题话"也都是由"因为"引入的。对于参加叙拉古最后一战的所有军队的总目录(the catalogue)来说(7.57-59),也同样如此:这一组事实肯定值得为后代人记录。但是,这一组事实也被设计用来证明,叙拉古人目前对于永久名声的期望是非常合理的,如果人们考虑到参战军队的规模与多样性。甚至不仅于此:与此同时,修昔底德在整个目录表中明确地列出参战各方相互援助的各种动机,因此为他在第3卷第82章的主题寻找到更进一步的证明:[71]即暴力教师(violent schoolmaster)——战争——向人类心灵教授全新的概念。在叙拉古战争中采取立场时的动机,绝对不是道义和血缘或亲缘的传统动机,而是彻头彻尾的利益或力量。在这一层面上,这个列表绝不是一个"离题话",而是成为一个有关战争思想史的总结性的贡献。

我们回到第6卷开篇处。雅典人对西西里的无知是可笑的。修昔底德在写作时肯定从对叙拉古在地中海地区的重要位置以及西西里城邦潜在实力的实地考察中[直到今天,斯拉库撒(Siracusa)或阿格里间托(Agrigento)的考古遗址仍旧能与古希腊遗址的规模相匹敌],知晓一切。如果雅典人听从希罗多德的话(在第7卷一个重要段落中,他赞美叙拉古的革拉甚至具备打败克色尔克色斯的力量)。但修昔底德不得不通过再次强调未知的地理范围来结束他的报告:"这就是对居住在西西里的希腊人与野蛮人的说明,这就是雅典人现在一心想征服的岛屿的面积。尽管他们在表面上是去帮助那些友好的以及其他的西西里盟友,但实际上却要野心勃勃地征服整个西西里。"(6.1.1)相关背景证明了这一点:无知(再加上渴望征服)是理解雅典在后来决策过程的关键(第8章到第24章)。在雅典人中,只有少数人不在无知之列,其中当然有尼基阿斯。用修昔底德的话来说,尼基阿斯"认为雅典人并没有得到很好的建议,仅凭一种微不足道、似是而非的借口就想征服整个西西里,成就伟大的事业"(8.4)。修昔底德在第6卷开篇处表达了他本人的判断,在同样一段措辞中,尼基阿斯的想法也掺杂其中。我们可以认为,修昔底德本人对雅典人拒绝听从尼基阿斯感到愤怒。然而,雅典人作出决策时的氛围并不是一种能够进行明智判断的氛围,而是一种热烈的、容易中伤诽谤的氛围。尼基阿斯在反对公众热情的演说中,极为尴尬地被迫首先证明自己的诚实(9.2),哀求他的同胞拿出勇气:"我……呼吁你们中任何年长的人们……不要因为害怕如果投票反对战争就被看作懦夫,而让自己蒙羞。"[13.1:他甚至谈到"征服的疯狂梦想",如克劳利对"dyserôtas einai tôn apontôn"(极为狂热地与并不存在的东西相爱)的翻译]简而言之,[72]尼基阿斯大量运用了雅典人在米洛斯对话中警告米洛斯人的语言,而阿尔喀比亚德的演说则与米洛斯人的非理性渴望与希望有很多共同之处(在这个方面,我已经纠正了我前几年的立场①)。我们可以认为,事实和真实信息并不重要,但如果我们这样认为的话,我们的陈述则隐含了一个全新的事实:当毫无根据的观点——阿尔喀比亚德的观点(我无须再重复他的主要观点,但是要注意到他甚至没有提到过骑兵)——占主导地位,于是不真实的事情变成了真实的事情,因为人们打算去实现他们的希望与渴望,真实的事情——尼基阿斯告知听众的那些事实——则至少在一段时间里变成不真实的事情,因为它被完全忽略了。(然而,令人大为惊讶的是,非理性的渴望甚至可能已被成功地实现,例如 6.47-50 处。修昔底德相当清晰地说明了这一点,即雅典人到达西西里后随即对叙拉古展开了一次进攻,由此提供了一次赢得战争胜利的好机会,因为叙拉古人被这个意外震惊,而且并没有充分的准备。当然,这仅仅是一次机会而已。公元前 413 年,德摩斯提尼在把援军带给尼基阿斯时,试图利用这次意外机会纠正前任的错误。但他被击败了,尽管是出于其他原因。)

我们回到雅典人。我们可以认为,阿尔喀比亚德的演说(加上其他无名者的演说)创造了全新的事实、一种全新的事件过程,如此不容置疑,以至于已经存在的事实得到了阿尔喀比亚德追随者的重新解释。尼基阿斯对军事装备的高要求,原本是被设计用来发挥阻止作用的,现在则被用来支持阿尔喀比亚德的观点,即作为安全返回的一个保证,或者从心理学的意义上来说,被用来驱除那些仍旧存在于雅典人心

---

① 参见斯塔尔,*Thuksdides. Die Stellung des Menschen im geschichtlichen Prozess*(《修昔底德:人在历史进程中的位置》),Zetemeta 40,Munich,1966,页 160。

中但未曾言明的怀疑(24.1 这一章五次间接提到安全观念)。从现在起,修昔底德将继续通过来自阿尔喀比亚德主张中的有关非理性希望与无知的语言来描述雅典人的情绪。他一步接一步慢慢地重新引入尼基阿斯演说中的事实,用此与雅典人对质,每一次他都描述了雅典人的吃惊反应。换句话说,与逐渐证明尼基阿斯正确性齐头并进(我在本文第一部分概括过),[73]我们在盲目的希腊人这一边看到的是从疯狂梦想中再度觉醒回到现实的过程。我可以挑出从阶段(a)开始的(也就是战争最初时期)一些段落来确认这一点。

1. 6.24 处表现了决策时最初的情绪:尼基阿斯第二篇演说辞让雅典人"比以往更加急切"。[我想顺便评论一下,尼基阿斯从这里开始就是一个与卡桑德拉(Cassandra)非常相似的人了,他睁着双眼目睹了自己的命运:他知道自己的命运,我们作为旁观者也知道,但是尼基阿斯身边的那些人并不知道。这是相关信息的三个层面,由此成为修昔底德大量运用采取自悲剧的写作技艺来叙述的另外一个证据。]雅典人在三个层面上与远征事业"相爱"(fell in love)[erôs,回忆尼基阿斯 dyserôtas einai(狂热地相爱)]:老年人、青年人以及普通士兵,每一类人群都有特殊动机。但"那些并不喜欢远征事业的少数人,害怕举手反对显得不爱国,因而保持沉默"——虽然尼基阿斯呼吁人们拿出勇气。[让我们提示一个相似之处:在斯巴达公元前432年决定发动伯罗奔半岛战争时(1.83.2),公开投票发挥了很大作用。由此,来自智慧与节制之人(xynetos kai sôphrôn)的警告也没有用处,而修昔底德正是用智慧与节制之人来描述国王阿奇达姆斯的名声。]

2. 6.31-32 处叙述了远征军出发离开雅典。这个注定会被毁灭的壮观场景常常得到人们的钦羡。向亲属、儿子和朋友(都被修昔底德列出)告别的时刻是对真理非常短暂的一睹:"与他们投票赞成远征时相比,危险在这一刻更为直接地逼近他们,尽管强大的装备力量是一个他们不禁从中获取安慰的景象。"(眼睛很快再次闭上)此时,一个"离题话"(当然是由 gar 引入)随之出现,说明了这种信心的原因:启程军队的庞大数目。然而,正如人们时常认为的那样,修昔底德本人并没有称赞远征军的力量。他描述的更多是金钱的价值、外在表现(the outside appearance)、给其他希腊城邦留下的印象甚至情绪的方面:祷告者们一起吟唱而非单个吟唱颂歌,列成纵队出海,迅速到达埃吉那(Aegina)。但是,当修昔底德将这次出征与哈格浓(Hagnon)与伯利克勒斯的出征比较时,他也提到了后两者的 300 匹马,但没有提到此次远征有任何马匹:他是在通过沉默来表现他本人的评论吗?[74]在有心读者看来,尼基阿斯演说辞概述的西西里现实情况目前是全面的。

3.6.46 处一个段落已为我们知晓,但没有从同一角度对之分析:雅典人到达西西里时,了解到塞吉斯塔提供的金钱并不存在,除了尼基阿斯之外,其他的将军都震惊了(他们发现事实 alogôtera!)——这是第一次面对现实!——他们"并没有因为起初的失望而丧失信心"。只是到了这时,修昔底德才告诉我们,雅典人派到塞吉斯塔的使团是如何被欺骗,以至于相信金钱的存在。他在把欺骗的事实告诉读者的同时,也告诉读者,雅典人发现自己被欺骗了的这一事实有助于解释他们的失望。这是修昔底德运用事实来描绘人类情绪与态度的同一种写作技巧的另一实例。"那些曾经说服其他人的上当者,受到质疑,并被士兵强烈谴责。"

阶段(a)(也就是战争开始阶段)中的事例非常多。在此,我略过阶段(b),此阶段是事态尚未明朗,但却改变战争的中间时期。我接下来提出从最后时期(c)中挑选出的三个事例。

首先,7.55处描述了形势:德摩斯提尼和他从雅典带来的援军,不但在试图突袭叙拉古时遭遇失败,而且在叙拉古盟军攻击之下,整个雅典海军丢掉一场具有决定性意义的战役。相应的文本是:"结果是雅典人感到极为沮丧、极为失望(ho paralogos),更为严重的是,他们为这一次远征感到悔恨。"与6.24处那种促使作出发动战争决策的情绪相比,我们在此看到的情绪完全相反。于是,回应最初的爱欲(erôs)的是现在的悔恨。十年前,在雅典人偶然地征服皮洛斯后,这种情况发生过两次。两次兴高采烈,两次悔恨。① 无知最终由参与者的失望(paralogos)来回应(对于修昔底德、尼基阿斯以及读者来说,不存在失望)。现在,清楚的是,修昔底德现在通过描绘雅典人面对自身非理性决策之后果时的情绪,对最初阶段的思想与情感态度作了补充。但是,修昔底德不但作了补充,而且在7.55处还几乎引用了尼基阿斯在6.20处所说的言词:"这些是他们到目前为止碰到过的唯一同自己具有相似特征的城邦(homoiotropoi,[75]尼基阿斯使用的形式是homoiotropôs),像他们一样处于民主政体中,拥有战舰与马匹,疆域辽阔":hippoi,megethê(在6.20处是megalai),尼基阿斯第二篇演说辞的整个梗概再次出现,甚至词语metabole(改变)同时出现在这两个地方:他们不得不面对这一事实,即不可能通过给西西里城邦带来内部变化,将之削弱,正像尼基阿斯预言过的那样。

毫无疑问的是,修昔底德现在用尼基阿斯演说辞的标准来衡量雅典人的失败。但我们也可以回忆起阿尔喀比亚德

---

① 前揭,140 ff.,150 f.。

的演说辞,他在其中表示相信可以通过海军安全返回:"他们现在在海上被击败了,海上的失败是从来不曾被预料到的,因而他们陷入比以往更加糟糕的难堪与尴尬之中。"(7.55结尾处)由此,修昔底德的结构变得清晰可见,它从第6卷开篇处演说辞开始,一直延伸到第7卷中面对相应事件时对同样一些演说辞的完全引用。正如我早先说过的那样,是事件过程阐明了演说辞,而非相反。

2.7.75处:最后的海战已经失败,雅典人试图徒步行军离开叙拉古。这一章表现了雅典人离开营地、他们的伤亡以及他们的最后希望。我们又发现同另外一次启程离开在动词上的对应,即在6.31-32处的"启程离开",我们可以对此用修昔底德对无知与装备不足(ignorance and inadequate equipment)所作的陈述来衡量。补充一个简短引语:"他们的屈辱……他们的苦难的普遍性……在那一刻被感受为是一种沉重的负担,尤其把他们当初启程之时的光彩与荣誉同最终的羞辱作比较时。"光彩相对于羞辱,最初的无知相对于后来的经历,非理性的渴望(erôs)相对于无法逃遁的苦难,开端相对于结局,梦想相对于觉醒(awakening),演说辞相对于事件过程。我们请读者来作比较,追踪与关注人类事业的历史,考察修昔底德提供的各种范畴是否足以描述战争的思想史。

最后一个评论:尽管无知与贪婪从一开始就处于支配地位,但没有一个言词表露出修昔底德的道德说教甚或自鸣得意,因为最初的清醒判断已在结局中或相似事情中得到证实。相反,修昔底德通过那些更为深重的苦难与折磨来追踪与关注雅典士兵;[76]他甚至用自己的声音来让雅典士兵的悲痛为人所知。对于理解修昔底德来说,这是重要的:他的观点并不简简单单地是恶人必须被惩罚或无知者必须被教导。尽管看到盲目从一开始就支配着人们,尽管并不赞同导致这次远征的态度,但修昔底德并未因此没有对最后的严酷情势(所有人在其中都是一样的)表示敬意。为什么？我认为,这是因为雅典人的盲目并不是一个孤立现象,而是说明了有关人类处境的普遍事实(即便令人遗憾)。

我已经说过,雅典人的悔恨(metamelos)是对前一次悔恨的重复。相似地,当有关西西里灾难的消息传到雅典时,雅典人则又欣然地闭上双眼,这也是对作出远征决策时那种盲目的重复。雅典人的第一反应是:"这个事实不是真的。"(the truth is not true)他们并不相信,甚至 tois saphôs angellousi(明确宣布的消息)(8.1.1)。但在最终承认(epeidê de egnôsan)这个结局时,他们转而迁怒于曾经鼓动、怂恿这次远征的演说家们,"好像他们自己根本未曾投票支持远征"(hôsper ouk autoi psêphisamenoi)。现在,雅典人轻易地放弃了希望(anelpistoi sôthêsesthai, 8.1.2),就像他们当初轻易地抓住希望一样(euelpides sôthêsesthai, 6.24.3)。雅典人情绪的逆转是彻头彻尾的。

三

本文第三个部分对修昔底德描述过的战争进行比较。我认为修昔底德期望读者进行这样的比较。同时,我也认为,当修昔底德将西西里远征称为不亚于希腊中部战争的一项事业之时,他在建议我们寻找这两种战争中不断出现的那些特征。西西里战争甚至被用来说明伯罗奔半岛战争原本的目标(如同修昔底德已经描述过的)。考虑到公元前413年雅典和西西里的恐惧和困难,当色诺芬以充满激情的术语描述了雅典在公元前404年的衰落,而且还使雅典人回想以往的罪恶行径(Hell. 2.3.3-19)时,我们可能认为色诺芬并未离题(尽管不具有充分的文本手段)。确定无疑的是,修昔底德对斯巴达最终胜利和雅典衰落的描写原本反映出了第1卷和第2卷中演说者提供的不同分析和预言。[77]在此,我无法展开前面提议的大范围比较,因为这样的比较会超出本文的篇幅。但我可以说明这样的比较如何证实了我们从第6卷和第7卷中获得的各种结果,因而采取我在前面提出的建议。

在第6卷中,雅典公民大会上的讨论几乎在叙拉古被复制:尼基阿斯对应的是赫摩克拉特斯,后者徒劳地让这一事实为人知晓(我们须要想象到,在他演说时,雅典军队已经在海上了)(legein peri tou epiploy tês alêtheias,在 6.33.1 处:[a]雅典人已经来了,[b]雅典人来进攻西西里的所有城邦)。赫摩克拉特斯甚至被一部分听众取笑,经历了与尼基阿斯一种相似的卡桑德拉处境(a Cassandra situation)。他的反对者获得成功。他们认为雅典远征攻打西西里不是一个合乎情理的行动,是雅典人肯定不可能做的事情。于是,这些事实是不真实的(the truth is untrue),实情并不实际(the real is not real),情况又一次如此。当然,在修昔底德眼中,用常识来表扬雅典人,意味着对雅典人非理性投票赞成远征一个冷嘲热讽的判断。

一个相似情况是:当公元前423年源自远方爱皮丹努斯的事件升级最终促使斯巴达决定参战,雅典使团的警告性演说辞被科林多人的高谈阔论所压倒。谨慎的国王阿奇达姆斯像尼基阿斯一样求助于年长一代以及他们对战争的负面经验,但被暴躁的斯忒涅莱达斯讽刺与嘲笑,后者请求听众通过起立,并走到两个不同的地点来投票:在此,用尼基阿斯的话来说,也没有人"让自己蒙羞,因为害怕如果投票反对战争就被看作懦夫"。结果是,斯巴达投票赞成参加伯罗奔半岛战争,但斯巴达人很快在国王阿奇达姆斯给他们分析的现实情况面前震惊。在此,我略过与伯利克勒斯和雅典这一方相似的那些情景。

  如果当修昔底德在 1.22 处写下那些根据人类处境①(kata toanthrôpinon)未来会再次发生的类似事情时,他脑海里重复出现的就是前面的事件,那么我们只能抱着极大的谦卑与尴尬说,在到目前为止不超过 23 个世纪的时间里,他被证明是正确的。

---

  ① 关于这个短语的含义,前揭,33. ff. 。

卷八中皮山大的"非演说辞"

麦考伊(W. James McCoy)

[78]讨论修昔底德第八卷中的演说辞是不可能的,因为这里并没有演说辞。同时,讨论下面这个问题多少会有些轻率:修昔底德如果完成他的《战争志》的话,是否会在这里或那里加入一组演说辞。不论 oratio recta(直接话语)在某种既定情形下会显得有多么合适,修昔底德在第八卷中不管出于何种原因而未使用该技巧的这一事实都不会得到改变。然而在明显发表了演说辞的场合,他反而诉诸 oratio obliqua(间接陈述)中的简单叙述或概括。修昔底德大概报告了演说者(或演说者们)实际上所说的内容,但是没有详尽展开细节。我们可以称之为"非演说辞"(non-speeches)。皮山大在四百人议事会建立以前对雅典的 ecclesia(公民大会)发表的演说(特别是 8.53 和 8.67)便是其中之一。本文的目的是在语境和背景中考察这些"非演说辞",特别是要评论它们之中某些潜在的政治含意,而在我看来,修昔底德的简短解释易于遮掩这些潜在的政治含意。

首先是关于皮山大和四百人阴谋的各种开端的一些评论。

皮山大是阴谋活动的一个主要参与者,[79]这次阴谋活动策划了公元前411年"重大的雅典政体篡夺事件"。他是作为阴谋家们的"公关人员"(尤其是在雅典公民大会前)而发挥作用的,并以高超的技巧扮演了这个角色。从喜剧诗人们提到的来看,①他的政治生涯可能始于公元前420年代早期,并且,尽管缺乏证据,他似乎已经享有持续不断的名声,一直到四百人倒台之前。他可能和阿卡奈(Acharnae)的格劳克特斯(Glaucetes)的儿子是同一个人;这个皮山大是前421/前420年②赫淮斯托斯神庙(Hephaisteon)的一个雕像主管——这个职位很可能取决于相关的财产普查分类。③ 无论如何,皮山大一定拥有至少中等的财富,因为他肯定符合了进入所谓的"五千人"(the so-called Five Thousand)的条件。④在前415年,他被任命进入调查员(zêtêtai)组成的委员会,调查赫尔墨斯(Herms)像损毁事件,揭露被人们认为会颠覆雅典民主政体的阴谋。⑤ 接下来,在前412年,他可能作为三列桨战舰的舰长同雅典舰队一起出现在萨摩斯。⑥

---

① 例如,Hermippus,残篇9;Eupolis,残篇31,181;Aristophanes,残篇81 in J. M. Edmonds, *Fragments of Attic Comedy* 1(《阿提卡喜剧残篇》(Leiden,1957)。

② *Inscriptiones Graecae*(希腊碑铭)$1^2 370$。

③ A. G. Woodhead, "Peisander," *American Journal of Philology* 75(《美国语文学期刊》75)(1954):133。一般地,我非常受惠于这篇文章。

④ 柏拉图《吕西斯篇》(7.4)提到皮山大被没收的财产。亚里士多德(《雅典政制》32)说皮山大出身良好(andrôn kai gegenêmenôn eu…),这暗示他属于"双牛级"(zeugite census)或更高的等级。

⑤ Andocides 1.36。

⑥ Woodhead,"Peisander,"页140;Reincke, s. v. "Peisandros," 载于 Pauly-Wissowa-Kroll, *Real-Encyclopôdie der klassischen Altertumswissenschaft*(《古典学百科全书》)19,第1部分(1937):142。对照 Nepos(Alcibiades 5)说皮山大是一个将军。

皮山大在前411年与寡头分子一起发动阴谋,而这一事实并不一定就玷污了他的早期职业经历。恰恰相反,他已经证明自己是激进民主政体忠实而可信的支持者——这是对他在此次政变中的角色最有用的一重关系。可能像海柏波拉斯(Hyperbolus)和安得洛克利(Androcles)一样,他曾一度渴望克里昂的继任者,成为激进分子的领袖。如果确实如此,那么当阿尔喀比亚德令人耀眼地僭取了这个位子之时,他的雄心壮志一定被碾碎。无论他们的关系在以往岁月里是什么样,由于赫尔墨斯神秘事件(the Herms-Mysteries affair),皮山大与阿尔喀比亚德走上了不同的道路。① 阿尔喀比亚德公开表示怨恨审判过他的激进民主政体,[80]而且不可能忘记 zêtêtai(调查者),尤其是在调查期间提议对揭发罪证进行奖赏的皮山大。②

我们不知道皮山大在西西里问题上站在什么立场,但是他显然没有受到此次战役灾难性结果的不利影响。可能像其他雅典人那样,他在那时开始质疑激进民主政体的效力并怀疑它在时下危机中指引雅典的能力。他甚至可能意识到任命 probouloi[预先计划者]委员会是明智的,随后他又可能选择了更严格的限制。当然,这只是猜测,但这确实为公元前412年冬季皮山大突然间的急剧转变(volte-face)提供了一个可能的解释。

这时,阿尔喀比亚德开始与派驻于萨摩斯的雅典人中的

---

① 参看 D. Macdowell, *Andokides on the Mysteries*(Oxford, 1962),页193。对照 Woodhead,"Peisander,"页136 以下。

② Andocides 1.27。K. Dover (Gomme, Andrewes, and Dover, *A Historical Commentary on Thucydides* 4(《修昔底德战争志笺注》卷4),Oxford, 1970: 284)说皮山大是一个积极热心的 zêtêtês(委员)。

"最有影响的人物"(tous dynatôtatous)进行联系。他说,如果放逐他的激进民主政体被寡头政体取代的话,他就愿意回到雅典,带去同波斯总督提萨斐墨斯的友谊。这些最有影响的人物与舰长们(他们已经在一起谋划解散现行政体)很快利用这个意想不到的机会,派代表亲自去与阿尔喀比亚德商议。① 在代表们一回来后,他们就策划了一起阴谋(xynômosia),派"适当"人选私下里更加仔细地考察阿尔喀比亚德的提议。尽管有弗瑞尼库斯斯将军反对,阴谋家们还是投票赞成选派皮山大与其他一些使节返回雅典,就召回阿尔喀比亚德与推翻民主政体进行谈判(8.47-49)。

在这个复杂与微妙的使命中,皮山大的角色看起来是这个筹划周详的计划的组成部分。他过去忠诚于激进民主政体,并敌视阿尔喀比亚德,这使他成为派往雅典公民大会的完美人选(同这个选择可能所显现得一样具有讽刺意味)。这基于以下原因:[81]比之于一个公开身份的寡头分子或某个有同情寡头政治嫌疑的人,公民大会更容易被某个他们相信是现行政体的热忱拥护者所说服。此外,阴谋在最初阶段的成功取决于雅典乐意召回阿尔喀比亚德,同一个出了名的阿尔喀比亚德的对手相比,还有什么更好的说服手段吗?如果皮山大能够让雅典人相信,他甘愿为了公共利益而放弃私人恩怨,那么阿尔喀比亚德的其他对手就可能会仿效他的榜样。

无论如何,在阴谋的这个阶段,皮山大的共谋不应该被解释为蓄意的叛国行为。修昔底德强调了这些事实:萨摩斯

---

① G. Busolt, *Griechische Geschichte*²3(《希腊史》³),第 2 部分(*Gotha*,1904):1467,说皮山大显然("*offenbar*")是该使团的一员,我不同意。

的同谋者决心继续对斯巴达作战；没有谈及通过条约或投降立即结束敌对状态。① 然而，他们确信通过变革雅典政体能够取得更好的战果，而且目前获得财政援助以及同波斯结盟的可能性增强了他们的确信。当然，皮山大转变效忠对象是一种"机会主义的"做法，但还不是不爱国的举动。

皮山大出使雅典是他第一篇"非演说辞"（8.53）的背景。Demos（民众）被召集到大会上，但是修昔底德暗示皮山大起先没有参与会议进程。相反，他的同行使节们作了很多陈述（例如，毫无疑问的是，当前数量相当的伯罗奔半岛海军，支持斯巴达的同盟国之间的均势，以及雅典财政的破产），② 特别是如果召回阿尔喀比亚德并变革激进民主政体（mê ton auton tropon dêmokratoumenois, 8.53.1）的话，就有可能与波斯国王（the Great King）结盟并胜过伯罗奔半岛人。起初的反应是反对，阿尔喀比亚德的敌人在反对声中叫嚷得最响。

正是在会议的此刻，皮山大出场。他把反对者们一个一个地拉到旁边并运用一个精明说客具有的所有才干讲清楚危机的真实状况。[82]他迫使他们承认最重要的危急问题是雅典的安全，而对于保证雅典的安全来说，阿尔喀比亚德是不可缺少的。他总结了私下交谈，通过向每个反对者保证，获取阿尔喀比亚德的协助的代价并不那么高昂——仅仅是在雅典建立一个更明智（sôphronesteron）更受限制（es oligous mallon）的政体而已（8.53.3）——如果它不是雅典人所喜欢的，这一政体变革就不需要持续很久。皮山大似乎在整

---

① 甚至在随后同替萨斐尼与阿尔喀比亚德的协商失败之后这尤其是真实的（参见 *Thucydides* 8.63.4）。

② 皮山大自己在私下想说服反对者们的时候提到这些信息（参见 *Thucydides* 8.53.2）。

个 ecclesia(公民大会)前重复了这一系列论述。身处绝境的雅典人最终屈服,不过是有条件的,他们期望以后再恢复激进民主政体(8.54.1)。

阴谋家的策略是非常聪明的。他们从来没有直接地、公开地提出"寡头政体",而是提出"民主政体中的变革"。(他们在萨摩斯采用相同的策略来争取士兵和水手的支持。①)当皮山大敦促用一个得到修正的政体(国家职务交给一个更加优秀的团体)暂时取代现行政体的时候,甚至在 tête à tête (面对面)的操纵中,他也只是谨慎地提到"寡头政体"。他还非常谨慎地对这一问题保持缄默,即在这个新的安排下,ecclesia、dicasterria 和 boule(公民大会、法庭与议事会)——雅典激进民主政体的堡垒和基石——的常规运作将停止。

修昔底德多少混淆了这一情景。他说,提到"寡头政体"起先引起了民众的巨大骚动(8.54.1),但是这个意见当然基于对当下形势和未来变化的完全理解。不过,从修昔底德自己的叙述来看,雅典民众显然没有这么"清楚地理解"。无论是使节们还是皮山大都没有告诉雅典人:为了赢得波斯国王的支持,他们必须建立一个"寡头政体"。他们反而用含糊暧昧的词仔细地伪装他们的计划。阴谋家们在此时还无法与民众公开决裂,他们不得不通过合法的手段实现政体的变革。

运用这一途径的手段还有另一个原因。[83]皮山大提到,这个变革一定要吸引中间阶层,②而中间阶层是一个在尼

---

① Thucydides 8.48.2:kai mê dêmokratoumenôn⋯。
② 有关中间阶层在公元前413年到403年雅典政治中的角色,参看我的"Theramenes, Thrasybulus and the Athenian Moderates"(《忒拉墨涅斯、忒拉绪布鲁斯和雅典中间阶层》)(哲学博士论文,Yale University,1970)。

基阿斯死后就没有领袖的派别,不过他们在公元前413年probouloi(十人委员会)的创设之中的影响似乎是最重要的。一般而言,中间阶层倾向于支持限制民主政体,因而在这一阶段同他们的合作被认为是一次成功而和平的革命所必不可少的。① 剩下来的事情就是让高贵的攸摩尔匹达(Eumolpidae)和克瑞克斯(Ceryces)(他们基于宗教的原因反对阿尔喀比亚德回来)以及激进派的领袖们闭嘴。这并不难。没有一个雅典人,或至少不是所有的激进分子,都忽视这个事实:阿尔喀比亚德是获得波斯的支持,对抗斯巴达的手段的。通过打爱国主义这张牌,皮山大赢得了一次投票表决,得到批准同阿尔喀比亚德与提萨斐墨斯进行正式谈判。

除了同意暂时地变革政体之外,ecclesia还派遣皮山大与其他十个人前往小亚细亚的马格尼西亚(Magnesia)提萨斐墨斯的宫廷。我们没有被告知这十位代表是什么人,我们也不能肯定他们是否包括了随同皮山大从萨摩斯来的使节中的人或所有人。但是我们不难推断出,他们是令皮山大满意的,并有可能具有"机会主义的"或寡头政治的倾向,因为他们后来参与了革命。皮山大的影响达到了顶峰,他获得了公众的信任。他不仅助成了舰队将军弗瑞尼库斯斯和赛伦尼德(Scironides)的免职,而且他与随同使节还被授权以任何他们认为最好的方式进行谈判。②

---

① W. S. Ferguson, *Cambridge Ancient History* 5 (《剑桥古代史》5)(Cambridge, 1935):323; C. Hignett, *A History of the Athenian Constitution*(《雅典政制史》)(Oxford, 1952),页272。

② *Thucydides* 8.54.2-3。Busolt, *Greichische Geschichte 3* (《希腊史》3),第2部分,页1471,注释1,评注说:"Peisandros operierte so geschickt, dass die Uneingeweihten ihn hoch für einen Demokraten hielten"(皮山大如此机敏地行动,不知内情的人还以为他是在维持民主政体)。

皮山大完成了使命中"公开的"部分,他在出发去马格尼西亚之前又同雅典的各种寡头社团进行私下接触(8.54.4)。在这里,他不再需要运用伪装的言辞,[84]密谋的真实性质一定得到了公开讨论。达成的结果是,阴谋团伙打算在两条阵线上颠覆雅典的民主政体。

皮山大的下一个"非演说辞"大概出现在 8.67.1。背景是两次 ecclesia 的第一次会议,这次会议直接导致四百人议事会的建立。皮山大及其随同使节中的五人刚从马格尼西亚回来,因而我们可能预计他们会对出使情况作一些官方报告。然而,修昔底德没有提到此类报告,而只是告诉我们一个联合的决议案(无疑是皮山大本人提议的),该决议案要求选举十个全权代表委员起草法律,并把他们有关国家最佳管理的建议在一个指定的日期提交公民大会。该决议案没有遭遇反对就通过了,大会会议可能因此休会。修昔底德对此事敷衍成章,令人失望,没有对这一系列进程不寻常的本质提出充分的洞见。皮山大固然谨慎地玩了一个法律游戏,企图为随后在科伦纳斯(Colonus)的大会打下基础,但是这个决议案的意图比修昔底德让我们相信的还要微妙得多。作些补充是必要的。考察一下促成皮山大当下行动方针的环境可能是有帮助的。

皮山大出使马格尼西亚无果而终。谈判会议从一开始就遭到阿尔喀比亚德的破坏,因而不得不放弃雅典—波斯联盟的任何希望,至少是暂时地放弃。逻辑上说,使节们原本应该立即启程回雅典,但他们却先去了萨摩斯(8.56)。作为其中一员,皮山大一定意识到形势的危急。没有阿尔喀比亚德,计划中的政变就陷入危险中。因而,最为重要的事情是他与在萨摩斯的同谋者重新审视这一事件。一旦他们失去民心,整个计划注定毁灭,进而他们自己也有被揭发的危险。如果他们决定继续他们的计划,最终的胜利就取决于刻意的欺骗和迅捷的行动。实际上,除了挺身而出与献身革命之外,阴谋家们几乎没有选择。为此目的,[85]他们派皮山大与随同使节中的五人回到雅典作最后的安排(8.63-64.1)。

皮山大到达雅典的时候一定会有些忧虑。他知道demos将质询他的出使情况,并期待一个官方报告,但是在与城邦中的寡头分子商讨之前就做这样的报告,是愚蠢的,尤其是因为他对出使期间雅典发生了什么一无所知。此外,公开承认出使的失败,对政变是有害的。因此,皮山大在被这个大会召集之前一定与他的同谋者接触过了。只有通过相互交换信息并改变计谋,事情才能发展成后来的那样。

关于阴谋家在这一阶段的私下考虑,修昔底德只字不提,但是他们的计谋被证明是聪明的。只要他们能够继续掩盖他们的真实意图,就没有什么能够阻挡一场合法与和平的政变。尽管雅典—波斯结盟问题现在已经不再是公开的议题,他们还是有充分理由且信心十足地推进此事,这主要是由于雅典寡头分子谨慎细致地准备工作。最著名的激进派领袖与煽动家安得洛克利已被秘密暗杀(8.65.2)。公开的宣传信息已经被散布开来,它暗示以一个"不超过五千人"掌控的政体取代现行的民主政体(8.65.3)——这个骗人的花招,用以安抚中间阶层,迷惑激进分子,并混淆阴谋家的实际数目与身份。雅典人被剥夺了立法提案权和任意发言权,因为所有的公民大会和议事会都被阴谋家们严格监督,直言不讳的反对者很可能立刻遭到暗杀(8.66.1-2)。当皮山大带着外邦的重装步兵一起到达雅典,这种猜疑和恐惧的气氛一定被进一步加强了(8.65.1)。如果一切如计划的那样进展,雅典的政变将使一个全面的寡头政治运动达到顶峰,这一运动已经被皮山大和其他人在雅典的附属城邦中发动起来,甚至此刻已经进展到推翻萨摩斯人的民主政体(8.63.4-65.1)。

[86]既然阴谋家们控制了大会,那么皮山大与他的随同使节们就不再提及他们出使马格尼西亚的情况,而集中于和政变有关的问题。实际上,他们能够利用 ecclesia 作为合法革命的手段,而不会受到惩罚。此刻,雅典人被完全地"限制住",无法在 ecclesia 和 boule 会议上反对或干涉演说者或议程。他们可能怀疑有阴谋,但是他们不知道何时发生、如何发生或是否要发生。因为阴谋家们想要拖延这种不确定状态,直到作好动手政变的准备,他们就采取了任何的预防措施来防止政变流产。在皮山大与同僚们最后召集 ecclesia 的时候,这一切是显而易见的。作为阴谋家的公开发言人,他们(或皮山大)只是提出了一个事关全体雅典人共同利益的聪明的议案,即修改政体。十人委员会被授命全权起草法律并在一个确定的日期向大会做官方报告。正如以上提到的那样,这是设立科伦纳斯会议的一个手段,但同时它也转移了注意力,使得 demos 不警觉。修昔底德关于这次特殊大会的简要描述没有强调后面这一点。由于他在总体上的缄默,任何重新建构都必定被看作是猜测性的,而且仅仅跟随修昔底德的叙述,我们根本无法评价皮山大决议案之微妙。我认为,在亚里士多德的《雅典政制》第 29 卷中,我们可以找到关键解释。亚里士多德在此记录了某个叫**皮索多勒斯**(Pythodorus)的人的一项 psephisma(议案),它提出创立一个由三十位委员组成的特殊委员会(包括了十人委员会成员)来为雅典制定新的宪法,进一步规定任何雅典人都可以提出自己的建议。这个委员会本身提议,所有他们认为符合公共安全利益的措施都要提交给 prytaneis(主席团),这个轮流担任的主席团"应该"有义务将这些措施付诸表决。由此,这个委员会的最终建议(《雅典政制》29.5)一定适时地被呈递给主席团,而且更可能的是,他们把这些建议提交给一次特别

的大会。如果这是真的,那么雅典人一定就一部临时宪法达成了初步共识,这一临时宪法倡导战争期间在雅典建立一个"不少于[87]5000人"的中间阶层的政府。这里没有提到400人议事会。

亚里士多德的这个特殊段落一直是导致争论的原因。一些学者①主张亚里士多德在此描述的就是修昔底德在8.67.1中简要提到的同一个委员会。他们为这两种说法在事实方面的分歧进行辩解,要么通过承认修昔底德在委员人数问题上有错误(那是三十人而不是十人),要么认为亚里士多德的信息一般都不可信,而没有努力寻找《雅典政制》(29.2-5)的独立历史背景。可以肯定的是,亚里士多德关于导致四百人寡头统治的事件的解释以及关于四百人寡头统治期间的事件的解释是混乱而含糊的,但在这一方面(正如其他学者已经正确指出的那样②)亚里士多德和修昔底德谈

---

① 例如,E. Meyer, *Forschungen zur alten Geschichte* 2(《古代历史研究》2)(Halle,1899):416 以下;Hignett, *History of Athenian Constitution*(《雅典政制史》),页356。M. Jameson, *Sophocles and the Four Hundred*(《索福克勒斯和四百人》);*Historia* 20(《战争志》20)(1971):562-563,他的观点不那么教条,但偏爱该种解释。

② 特别是 M. Lang, *The Revolution of the 400*(《400人革命》),*American Journal of Philology* 69(《美国语文学期刊》69)(1948):272-281。也参见 Lang, *Revolution of the 400: Chronology and Constitutions*(《400人革命:年表和宪法》),*American Journal of Philology* 87(《美国语文学期刊》87)(1967):176-187;M. O. B. Caspari, *The Revolution of the Four Hundred at Athens*(《雅典的四百人革命》),*Journal of Hellenic Studies* 33(《希腊研究期刊》33)(1913):1-5;M. Cary, *Notes on the Revolution of the Four Hundred at Athens*(《雅典四百人革命评注》),*Journal of Hellenic Studies* 72(《希腊研究期刊》72)(1952):56。以下内容,我极大地受惠于 Miss Lang,特别是她关于 syngrapheis 委员会的讨论。

论的是两个不同的委员会,而且亚里士多德的委员会在时间上是在先的。

《雅典政制》(29)提到的活动一定是在皮山大出发去马格尼西亚之后很快发生的。① 一旦雅典人投票赞成改变他们的政体之后,他们不可能拖延任命政制委员会直到皮山大回来。对一个一百年基本保持不变的政制作出合适而可接受的修改是需要时间的。此外,如果与波斯的结盟实现了,雅典人将要准备履行协议的义务。雅典人可能草拟了一个亚里士多德所描述的那样的临时政制,[88]只待雅典—波斯结盟被证实之后就使其生效。皮山大可能告诉雅典人,他们准备的这个政制还是太民主,因而不能满足波斯国王的要求。因此,当他提议选举十人委员会的委员时,②他是建议组建一个新的委员会,以重新审查先前三十人委员会的工作,提出一个限制性更强的政制草案。这似乎在逻辑上是适当的,如果这是真的,它就为修昔底德简要解释增加了一个新的维度。

皮山大最后的"非演说辞"也出现在 8.67 中。背景也是公民大会的会议,但它是雅典历史上一次独特的会议。它的

---

① Miss Lang, *American Journal of Philology* 69(《美国语文学期刊》69)1948:275-276 甚至提示,皮索多勒斯的法令(亚里士多德《雅典政制》29.2-3)是由修昔底德在 8.57 中描述的同一个公民大会通过的。

② Jameson, *Sophocles and the Four Hundred*(《索福克勒斯和四百人》)论证说,这个十人委员会(如果它独立于那个三十人委员会)将由十个 probouloi 组成。他将论述建基于亚里士多德《修辞术》中的一些章节之上(特别是 3.18.6,在那里索福克勒斯承认 probouloi 作为一个团体被选举出来建立四百人)。但是 probouloi 可能依然被当做是为科伦纳斯的四百人而已经选举出来的,无论他们自己是否组建了这个十人委员的委员会。皮山大在科伦纳斯的提议没有遭到反对就通过了。

召开不是在柏尼克斯（[译注]Pnyx，雅典民众会议会场）上而是在雅典城一英里外的科伦纳斯小山上。公民大会慑于阴谋家展现的武力威胁，在没有反对票的情况下批准了皮山大的提议，正式建立四百人政府。自梭伦以来，雅典第一次由一个寡头政体统治。

和先前的公民大会一样，科伦纳斯公民大会是皮山大与他在马格尼西亚使团中的五位同僚召集的。阴谋家的武装护卫到场，表面目的是保护大会出席者免遭狄凯里亚（Decelea）的斯巴达人进攻，然而实际上却是为了激起恐惧和胁迫。如果那十位委员准备把政制草案呈递给公民大会，他们就不会展示武力。相反，他们建议搁置 graphê paraomôn[违反 nomos（法律）的议案]，这恰恰是阴谋家想要做的。皮山大立刻站起来，毫不掩饰地开始剥夺雅典人所珍视的政制(8.68.1)。他们手无寸铁，无法反抗。

通过公民大会的批准，四百人被确认为合法的团体，但新政体只得到模糊界定。在决议案的语境中，当皮山大谈起"四百人"时，就像他们已经存在似的(8.67.3)，然而正是通过这种欺骗手段，[89]阴谋家希望不去强调甚至隐瞒寡头政体狭窄的、独裁的本质。这也是他们准备在他们之中容纳某些中间阶层的一个原因。① 但是在科伦纳斯公民大会上，没有提出正式的宪法，也没有对之进行表决，阴谋家想要尽可能地搁置任何此类文件。

在科伦纳斯公民大会上，皮山大作为阴谋家的"公关人员"上演了他的最后一幕。他不顾以前的保证，马上与为同斯巴达达成协议而不惜出卖雅典的四百人中的极端寡头分子一起抽签就职(8.90.1)。当四百人最后倒台的时候，皮山

---

① 参看 *Thucydides* 8.89。

大逃往狄凯里亚(8.98.1),再也没有下落。他可能受到 in absentia(缺席)审判,①财产和所有物品被充公。② 但是毫无疑问,皮山大在 411 年革命中扮演了最为关键的公众角色。他的行动和言词——erga 和 logoi——(正如修昔底德笔下的这些"非演说辞"简述的那样)暂时改变了雅典政治史的进程。③

---

① 参看 Lycurgus, *Leocrates* 121。
② *Lysias* 7.4.
③ 我想感谢我的同事 Henry C. Boren 教授,他在本文初创阶段给我诸多有益的建议和批评。

修昔底德笔下演说的背景

韦斯特雷克(H. D. Westlake)

[90]当修昔底德构思《战争志》并着手实施写作计划的时候,同任何其他重要历史著作的作者一样,他面临一系列的实际问题。决不能由于战争结果已经触动了后人,就一定可以假设修昔底德会发现解决这些实际问题是一件轻松的任务。实际上,有很好的理由让人相信并非如此。在解释方法与目的的那一著名章节(1.22)中,他表明自己充分意识到在历史材料细节的收集与表达方面的一些困难,尽管该段落无意畅言,因而可能被认为不够明确。该章提出的一个基本观点是,logoi(言词)与 erga(行动)被明确地进行了区分,被用以处理 logoi 与 erga 的方法也分别得到界定。一旦修昔底德决定把演说辞纳入《战争志》中(这一决定必定无疑是在早期就已经作出的,尽管直到很晚他都不一定写下任何演说辞),他就不得不考虑怎么解决以下问题:将其著作的两个基本成分——叙事与演说辞融为一个连贯的整体。研究这一主题的一种方式似乎是,思考修昔底德为何选择采纳某些演说的直接话语样式,而非其他可能被认为并不乏意义的演说样式。无论如何,我觉得这种研究的结果必然是推测的、主观的。因此,[91]我将自己限于考察该主题更稍微切实一些

的一个方面,而这个方面现在必须得到界定。

每当修昔底德叙述一场政治辩论并纳入一段演说辞或直接话语中的诸多演说辞,他都起始于一段用以解释引发辩论之背景的文字,终结于一段记录辩论结果的文字。我将以术语"导言"(preamble)指代起始段落,"附言"(postscript)指代终结段落。[更显易的术语"序言"(prologue)与"尾声"(epilogue)在我看来似乎不适合此处语境,因为它们常常被用于演说辞本身。]修昔底德在同一场辩论中纳入两篇或更多演说辞的地方,演说辞之间的段落通常是作为下一篇演说辞的导言,因而无需单独地界定。本文的意图是研究诸导言和附言,并进而考虑可能从中学到什么,尤其是它们遵循同一模式的程度以及它们与演说辞实质内容本身之间的关系。我的研究将限于公民大会或代表大会中的政治辩论。将军们在战争之前对军队的劝训词属于不同的种类,修昔底德对之作了不同的处理。他大量地利用军事和政治演说辞启迪读者,但是很清楚,战前演说辞尽管可能鼓舞人心,却几乎从没有像政治演说辞能够决定性地影响辩论结果一样,决定性地影响战争的结果。该研究也将排除那篇华丽的葬礼演说辞和普拉特阿(Plataea)投降之后发生在普拉特阿和底比斯人之间的裁判纠纷。

这些导言和附言最显著的特征通常是简短、直白以及充满事实,与演说辞的复杂性形成显著对照,因为在演说辞中诡辩的思想和修辞的影响得到如此频繁的表达。一般情况下,修昔底德没有选择对每一场辩论之前或之后的形势中的诸多戏剧性的可能性加以利用。大多导言仅仅提供一些解释辩论发生原因的必要信息。在相当多的例子中,[92]演说者的目的没有预先得以阐述而只是在演说辞的实质内容中显现出来。例如,在斯巴达第一次代表大会上阿奇达姆斯

(1.79.2)和斯忒涅莱达斯(1.85.3)的演说辞,伯利克勒斯(Pericles)在战争即将爆发之前的演说辞(1.139.4),以及赫默克拉底在革拉的演说辞(4.58)。有时候确实无需阐述目的,因为这可以轻易地从先前的叙事中推导出来,比如在斯巴达两次前后相继的代表大会中科林多发言人发表演说的每一个事例中就是这样(1.67.5;1.119)。演说者的目的偶尔表述在简短而不充分的短语中,例如当赫默克拉底在叙拉古(Syracusan)大会上发表演说的时候,"因为他认为他已经准确获悉情形"(6.32.3)。然而,在一些导言中,修昔底德提供了有关演说者目的的更充分、更具体的信息,其中一些导言将在稍后阶段中给予讨论。

正如人们预料的那样,附言比导言稍微详细与复杂一些,但它们很少是详尽细致的。在几乎每一次主要辩论结束时都有一次投票表决,由赫默克拉底和阿特纳哥拉斯发表演说的叙拉古大会则是一个例外(6.41.4)——在所有此类场合,修昔底德都要报告多数票的决定,但往往很少提及其他情况。他或许会评论一下听众对某一篇演说辞或几篇演说辞的反应及其意见分歧。他可能提及其他发表过的演说(此类陈述也出现在某些导言之中)。这些附言的一个更重要特点是,其中一些给出了多数票决定的理由,偶尔还会比较详细,而其他一些没有给出理由。在某些情形下,没有给出理由,可能是修昔底德受制于证据不全面或不可靠这一因素,因而他不愿表态。发现支配着陈述或不陈述公民大会及代表会议何以作出其决定之理由的大致的常规模式是可能的。有的地方在直接话语中仅有一次演说,并且演说者的提议被接受了,明显很少或没有遭到反对,而接受的理由通常没有得到陈述。显然,可以预计读者会推断出,大部分听众被认为信服于演说者提出的实情。[93]这样的例子有:斯巴达第二次公民大会上科林多演说者的报告(1.125.1)，在奥林匹亚代表会议上密提林(Mytilene)外交使节之一的报告(3.15.1)，以及在革拉代表大会上赫默克拉底的报告(4.65.1)。在一些出现单一演说辞的情形中，接受劝告的理由偶尔以一些文字得到陈述，而这些文字并不是留给那些明显更聪明一些的读者。当伯利克勒斯主张拒绝斯巴达在战争即将爆发前的最后通牒时，雅典人投票支持他的政策，"因为他们认为他提交给他们的，是最好的建议"(1.145)。阿尔喀比亚德在斯巴达发表完演说后，斯巴达人越发热切地想要采取行动缓解叙拉古的压力，"因为他们相信他们已经在听取最准确的知情者"(6.93.1)。一个更具体的解释提供了以下事件的理由：为什么阿坎图斯人民在聆听伯拉西达的演说之后，以看似微弱的多数投票决定反叛雅典。他们被认为受到以下两方面的影响：部分地出于伯拉西达论证的说服力（非常罕见地提及一篇演说辞在技巧方面的水准），部分地出于害怕一旦他们拒绝他的建议，他们的农作物收成将遭到他的破坏(4.88.1)。此处修昔底德似乎在尽力解释：伯拉西达没有仅仅凭借外交手段就获得其使命的第一个成功，尽管他具有外交技巧，但同时通过展示以往经常被用以掠夺阿坎图斯人领土的武装力量，正如他在演说中的一个段落中所威胁的那样(4.87.2)。

在包含对立观点(antilogiai)之间矛盾的直接话语中，辩论包含了两篇或两篇以上的演说辞，修昔底德在这些地方提供了更详细的报告，他的附言往往会更加复杂一些。此类辩论的结果几乎总是某一演说者的全部建议被接受，而另一演说者的建议被拒绝，唯一一个明显例外是发生在卡马瑞纳的辩论，大会拒绝被赫默克拉底说服，或被雅典的攸菲姆斯争取(6.88.2)。修昔底德在这些地方详细叙述了对立双方所呈之实情,他显然感到有义务为他的读者指出导致那个最终选择的诸种因素,[94]而最终选择往往在两种极不相同的行动过程之间作出的。关于雅典人在惩罚密提林人问题上为什么投票决定拒绝克里昂的劝告而接受狄奥多图斯的劝告,没有给出具体的理由(3.49.1),但是在直接话语中包括一篇以上演说辞之叙述的其他每一个附言,都提供了对多数票决定的某种解释。然而,甚至在这些例子中,解释也往往非常简短。在斯巴达第一次代表大会上冗长繁复的报告的结尾处,尽管其附言比其他大多数附言都要全面,正如后来表明的那样,但它仅用只言片语报告了斯巴达人为什么判定和平已被破坏的理由。修昔底德陈述说,他们作出这一判定,"与其说他们被其同盟的论据所说服,不如说是因为斯巴达人看到希腊的大多数城邦已经臣服于雅典人,害怕他们有可能变得更强大"(1.88)。这一陈述总结了修昔底德在战争起因上非常个人化与原创性的论点,他随即力图通过关于"五十年历史"的冗长附述来证实这一论点(1.89-118)。然而,人们或许已经在期待他详细地分析斯巴达人对这场冗长且宽泛的辩论的直接反应,这样的分析原本会非常有价值。

在另一场合,公元前433年在雅典就雅典人是否应该和科基拉(Corcyra)缔结盟约这一问题展开辩论,修昔底德非常详细地解释了为什么雅典人像他们做到的那样投票赞成(1.44.2-3)。然而,此处有些例外的情况需要一个更详尽的附言。一个不同寻常的特征是,为了避免公然违背三十年和平条约,雅典人同意与科基拉缔结的不是后者向往的进攻与防御性联盟(xymmachia),而仅仅是防御性联盟(epimachia)。对于我们现在的考察更为重要的一个特征是,雅典人的公民大会在聆听修昔底德在直接话语中所报告的科基拉人和科林多人外交使节们的演说之后,没有立即就投票表决。辩论持续了两天,他可能在直接话语中也报告了雅典人所作的演说辞,但是没有选择将它们全部叙述,甚至在 oratio obliqua 的概述中也没有。因此,比一般情况下更需要解释的是,公民大会何以作出同科基拉缔结防御性联盟的重大决断,[95]尽管他将此决断归因于三个因素,而实际上,这三个因素可能是从修昔底德表述的科基拉外交使节演说辞之尾声(1.36.1-3)中合理地推断出来的。

另一个相当详细的分析是针对对方使节演说辞激起的民众反应。这一分析出现在有关卡马瑞纳辩论的叙述的结尾,我在上文已提及这场辩论,在其中,赫默克拉底为叙拉古乞求援助,攸菲姆斯为雅典乞求援助(6.88.1-2)。由于矛盾的情感,卡马瑞纳人踌躇不决、摇摆不定。他们显然不能确定哪一方可能获胜,害怕万一冒犯了最终胜利的一方而会遭到报复。在两难之中,他们决定给予双方相同的答复,即由于他们在战争中与两股力量彼此结盟,他们相信恪守誓言的最好方式是暂时不援助任何一方。这种犹疑不决与焦虑不安的状态使得他们坐卧不宁地持观望态度,这一点被描述得极其精妙。既然在西西里其他地方的其他人也同时抱持相同的观望态度,因而这一段落对总体趋势提供了一个富有意义的描述与说明。

我希望,有关导言和附言的初步考察确立了修昔底德的总体原则,即他通常只把那些他认为是基本的信息和评论纳入导言和附言之中。在这些段落的实际语调与他对小型军事行动的叙述语调之间,或许有某种密切的关系。在那些叙述中,他似乎谨慎地以一个纯粹编年史作家的角色表现自己。一个可能存在的原因是,他希望读者在研究有关辩论的叙述之时将注意力集中于演说辞本身,期待他们得到这些叙述有意传达的全部教诲,尽管我认为这不是首要原因。由于想要分离出辩论中的基本议题,以便让读者尽可能地理解这些议题,他实际上有可能被指责为有些不切实际地过度简化。在第五卷与第八卷中对大会商讨作出解释的地方,并没有演说的直接话语形式,只有在间接陈述中的概述。这些解释暗示,在重要问题上作出决策的过程可能非常繁杂甚至是混乱,[96]而且会议中的议题并不绝对地清楚明确。可以引以为例的是,当四百人掌控雅典时,有关萨摩斯的两次军事会议的叙述(8.76.2-77;8.81.2-83.2)。

我现在将更详细地考察有关辩论的叙述,主要是因为这些叙述并不完全与我试图确立的总体原则相一致,因而似乎需要思考它们的不一致性。然而,首先,我希望研究一个与我的原则并不相符的叙述,以便提供一个极好的说明。在列斯堡人(Lesbian)反叛开始的时候,一个使团从密提林被派往斯巴达呼吁伯罗奔半岛人的援助(3.4.5-6)。使节们被告知于节日结束后在奥林匹亚举行的代表会议上陈述他们的情况(3.8.1)。使团的一个发言人在那时发表了演说。这是一篇主要的重要演说辞,它关涉其背景之外的东西,因为它比其他演说辞更加清楚地阐述了在盟友视角看来雅典人与他们的同盟者之间的关系。随之,密提林的建议显然没有异议地被接受了,反叛的列斯堡人的城邦被承认加入斯巴达同盟。命令发布了,以便立即动员伯罗奔半岛联盟在地峡的军队,它将入侵阿提卡(Attica)并得到一支舰队的支持(3.15.1)。该计划最终流产了,主要是由于伯罗奔半岛的农民对在夏末收获时节远离家乡服兵役感到厌恶(3.15.2-16.2)。然而这一事件在历史上具有重要意义,尤其是因为它以失败告终。不过,修昔底德把他的导言和附言限制于摆明事实,显然是希望让注意力集中在演说辞上。我们可以注意到一个不太寻常的特征。当醒悟了的斯巴达人最终放弃他们的计划时,有陈述表明他们作出了结论,"列斯堡人所言不真实"(3.16.2),明确地提到密提林使节演说辞中一个已经被证明过于乐观的预言(3.13.3-4)。正如稍后将看到的那样,修昔底德的叙述并不经常提到某一演说辞中的某一特定段落。

在以特别方式表述的辩论之中,我们可以首先思考关于惩罚密提林人的辩论。在此,[97]表述上最显著的不同不是导言(3.36)和附言(3.49)都非同寻常地详细,尽管前者比大部分都更为详尽。为了试图提出我对此次辩论之解释的看法,我将不得不概述这场辩论,尽管我们都熟悉。我尽可能简短地概述。修昔底德的叙述始于从帕撒斯(Paches)遣送的俘虏到达雅典以及雅典人决定处死密提林的全部成年男子。他提到促使他们作出决定的两个因素,但是没有提供有关第一次大会会议的其他信息。一艘三列桨战舰马上带着执行这一判决的命令被派往帕撒斯,但是第二天情况发生了变化,大多数公民支持尽力再次重新辩论。第二次大会会议召开,克里昂(3.37-40)和狄奥多图斯(3.42-48)发表了演说,修昔底德在他的直接话语形式中叙述了他们的演说辞。这次大会以微弱的多数票决定接受戴奥多鲁斯的建议,撤销处死密提林的全部成年男子的法令。第二艘三列桨战舰被派往帕撒斯处,并采取很多措施力图确保它及时到达以阻止大规模的死刑,修昔底德用了很多生动的细节描写这一情节。第二艘三列桨战舰比第一艘稍微晚到一点,帕撒斯已经读完命令,但是还没执行。Para tosouton men hê Mytiliênê êlthe kindynou(只差这么一点点,密提林人就大难临头了)(3.49.4)。

我希望这个概述已经证明,修昔底德在此充分有效地利用这次辩论背景所提供的机会来作出富有戏剧性的处理。正是这一特征明确地将修昔底德的叙述与他似乎谨慎地减少任何戏剧因素的其他叙述区别开来。导言与附言的语调同演说辞的语调也形成对比,后者是理智的,甚至是诡辩的,在某种程度上可以认为是不现实的,至少就克里昂而言是如此。因此,演说辞和它们的语境不完全协调。

尽管另一个特殊例子是以一种完全不同的方式而显得独特,它就是在皮洛斯订立局部休战协定后斯巴达人在雅典辩论的那个例子,他们派出一个使团就全面停火进行协商,[98]并确保被隔绝在斯法克特里亚的斯巴达军队快速复原(4.16.3-22)。由其中一个使节所作的演说被叙述在直接话语中(4.17-20),现代学者对之感到困惑,但其问题不在本文主题之内。附言起始于这样的叙述:斯巴达人料想雅典人乐意接受当前的建议并移交孤岛上的军队,因为雅典人在早些时候就想讲和。然而,雅典人自信位于索取实质性让步的地位,被克里昂鼓动着提出要求,而斯巴达人如果接受这些要求,就会牺牲斯巴达同盟者的利益。斯巴达使节们建议在他们自己和雅典代表之间举行一次秘密会议来考虑这些条款,以此作为回应。克里昂随即激烈地谴责他们,有选择性地将他们不愿意公开谈判,解释成为他们没有诚意的确凿证据。使节们害怕公开作出以同盟者为代价的让步,会在他们的同盟者那里丧失颜面,并且还不能与雅典人达成和解,而雅典人无意于在合理条款上赞同斯巴达使节的建议。因而,斯巴达使节放弃使命,返回家乡。

该附言的一个非同寻常的特征是,修昔底德较详细地解释了谈判之中各派的情绪和动机,特别是使节们的情绪和动机。他可能早已选定纳入这一有关使节的信息,因为当他以某种方式从可信的资料来源获悉这一信息的时候,这一信息全不广为人知。他们完全错误地预测他们的建议将受到欢迎,而这一预测不可能变得众所周知,并且他们在冒险疏离或背叛同盟者上的情绪在当时或稍后都不可能公开。在两种情况下,我们都不可能从修昔底德对发言人的演说辞的叙述中推断出来,这篇演说辞与其说是透露了,不如说是隐藏了他们的真实情绪。

这一叙述更为显著的一个反常之处是,它没有在直接话语中包括有关克里昂所说内容的版本,尽管他显然发言两次(4.21.3;4.22.2),并被认为对谈判过程与结果施加了决定性影响。一些学者主张,没有在直接话语中纳入他那篇演说辞(或那些演说辞)是因为修昔底德并不赞成他的政策,[99]而是同意由斯巴达发言人表达的观点。然而,压制对他而言似乎是判断错误了的意见,或者更严重地,避免在直接话语中纳入那些表达了实际演说的演说辞版本,这些都不是修昔底德惯常的做法。例如,尽管显而易见的是,他完全不同情每位演说者的几乎所有观点,但他还是非常详尽地叙述了阿特纳哥拉斯在叙拉古的演说辞与克里昂在关于惩罚密提林人的辩论中的演说辞。据我看来(在此不能详细阐述)没有任何理由相信他赞同斯巴达使节提出的一般原则,更缺少理由相信这些原则在很大程度上是由修昔底德自己提供的 ta deonta(场景要求说出的话)。斯巴达人的情形与那些建立持久友谊的含混提议一并拥有一种完全真实的口气,并且与斯巴达人发现自己所处的令人尴尬的虚弱地位是一致的。为什么没有在此处纳入克里昂的演说辞,原因十分不清楚。修昔底德可能觉得在谈判破裂中达到高潮的一系列提议与反提议,比克里昂所描述的情形的细节更加重要。他也可能认为,雅典民主煽动家在这一时期的立场在他看来一贯是好斗的,而且没有什么深奥难测之处,已经在关于惩罚密提林的辩论的叙述中由克里昂的演说辞充分表现了。在关于皮洛斯局势的第二次辩论的叙述中(4.27-28),又一次在直接话语中没有克里昂的演说辞,尽管他在这次辩论中扮演了领导角色。然而,无可否认,这些解释都是猜测。我常常发现自己想要试图看透修昔底德的心思,但这是最危险的事业,如果我更明智一点的话,我毫无疑问会抵制这种诱惑。

同我刚才讨论的两个例子相比,次要一些的是出现在有关斯巴达第一次大会的叙述之附言中的一个独特之处(1.87.1-3)。不过,它非常怪异,足以需要在此对之稍作思考。当监察官斯忒涅莱达斯结束他直率的演说,驱促斯巴达人去诉诸战争时,他首先把问题以习惯的方式提交给大会表决,也就是呼喊的方式。随即他声称不能判别,是他的支持者还是他的反对者喊得更响一些。因而他命令大会分为两组,[100]一组由相信和约已经被破坏的人组成,一组由相信还没被破坏的人组成。前一组被证明显然是多数的。监察官坚持这一反常程序的意图据修昔底德说是"通过清晰地展示舆论,以让斯巴达人更热切地去诉诸战争"(1.87.2)。斯忒涅莱达斯显然认为,很多摇摆者,甚至有些赞成阿奇达姆斯的延迟策略的人将缺乏勇气,让人看到他们自己投票反对那个可以被预测到将会占主导地位的观点(即和约已被破坏)。如果他赢得实质的多数票,事实上他做到了,他诉诸战争的论据马上将非常有力。修昔底德选择详述这一看似相当琐细的事件大概是为了暗示,既然这位监察官被认为有能力提出煽动性的托词,那么其演说辞的直截了当就被解释为是纯粹的装腔作势,并由于它是确保其目标的最有效手段而被采用的。修昔底德可能也已经受到他与其他希腊人对斯巴达政体运作的共同兴趣的影响。无论如何,令人惊讶的是,他将注意力更多地投入在斯巴达赖以作出决策的程序上,而非导致决策的原因上,正如已经指出的那样,他只用很少的几个词来叙述原因。

我现转而考察导言和附言是否与演说辞紧密地结合在一起。对我来说,似乎有一些证据(部分是肯定的、部分是否定的)表明,导言和附言之间的关联有点薄弱,正如我将尽力表明的那样。在某些例子中,可以辨别出的确缺少和谐关联,其中一例是关于雅典公民大会的叙述,伯利克勒斯在那里发表了他三篇演说辞中的最后一篇,这些演说辞都由修昔底德表述在直接话语中(2.59-65)。导言描述了深为瘟疫与阿提卡遭劫而苦恼的雅典人如何因为伯利克勒斯劝说他们诉诸战争而指责他,认为伯利克勒斯应该对他们的苦难负责。伯利克勒斯召集了一次会议,对他们发表演说。他的目的得到仔细的解释(2.59.3):"他希望激励他们并转移他们愤怒的情绪,让他们的心智状态更温和、更少忧虑。"在附言的开头,我们发现[101](极其例外地)有关他的意图的一个类似解释(2.65.1):"他试图缓解雅典人针对他的愤怒,让他们的心智从目前的痛苦中转移开。"这一点是确定无疑的,由修昔底德赋予形式的伯利克勒斯的演说辞主要由劝告组成,而且各种各样的论述被用以鼓励雅典人对他们的不幸采取更坚强的态度。另一方面,关于伯利克勒斯就对他的广泛批评所做的反应,转引自导言的句子以及附言造成了一种略带误导的印象。从演说辞的文句推断,他没有费力去安抚雅典人,而实际上是貌视他们;他批评他的批评者,证明他们对他的怨恨是不正当的,他们对目前危机的态度是不合理的,同时他本人的信念是坚固而不可动摇的(2.60.1-61.3;2.64.1)。

雅典人在斯巴达第一次大会上的演说辞(1.73-78)提出很多问题,它们不在本文主题之内。我在此关注它仅仅是为了提示导言和演说辞本身之间关系之不同寻常,并指出其中一些关系并不协调。导言较详细地解释了雅典人发表演说的意图(1.72)。雅典人无意为那些直接针对他们的控诉为自己辩护,而是想指出一个总体问题是斯巴达不应该采取草率的决定而应该更加深入地思考。他们也希望给那些老少听众留下印象,雅典是多么强大。他们相信自己由此将使斯巴达倾向于维持和约而不是诉诸战争。并不令人惊讶的是,我在改写中缩短了的这个导言,比大多数导言都长,因为雅典人被说成是来斯巴达做其他事情的,只是当他们听到对雅典的指控而感到被迫要求允许发言。令人惊讶的是,当雅典人在演说辞的序言中解释他们在大会上致词的意图时,或多或少与导言中已经作出的表述相同(1.73.1)。可能修昔底德想要向他的读者传达,雅典人在演说辞中给出的解释是关于他们意图的完全真诚的解释,而并未打算以任何方式欺骗听众。[102]然而,如果这是修昔底德的目标,肯定有人觉得他本可以找一个较不笨拙的方法来达成此目标。也可能认为,尽管导言的功能主要不是提供一个随后内容的说明,但这个非同寻常的详尽导言完全未能充分预示雅典人演说辞那非常广阔的特性。

我已经提到过,克利昂和戴奥多鲁斯关于惩罚密提林人的演说辞的语调与表达它们的语境完全不一致。在此,可以指出一个更深刻的矛盾。正如学者们已经注意到的那样,导言(3.36.4)和附言(3.49.4)中的诸多暗示说明,因为当有时间反省的时候,疑虑变得如此普遍,很多雅典人都认为处死密提林的全部成年男子的决定是不人道的。这些人道主义情绪可能比戴奥多鲁斯的论述更有效地影响了在赞同撤销法令上产生微弱的多数票,他明确地否认他受这种情感影响(3.48.1),无论他的个人意见可能是什么。修昔底德只叙述说"戴奥多鲁斯的观点获胜了",没有对商论的最终结果给出任何理由。正如前文已经指出的那样,这一省略极不寻常。

它可能是故意的,因为修昔底德也许希望让叙述和演说辞之间的不协调尽可能地不惹人注意。无论如何,即便当叙述是如此富有戏剧性、演说辞是如此富有教益的时候,这种不协调可能被认为是无关紧要的,然而它的确存在。

另一个检验演说辞和它们的背景完满结合程度的方法是思考是否有很多导言和附言明确地提到演说辞中同样的段落。伯拉西达在阿坎图斯的演说辞中的一个段落提到斯巴达政体的一个誓言,准许由他战胜的任何国家以自治(4.86.1);附言用十分相似的语言提及这个誓言(4.88)。在有关皮洛斯局势的雅典第一次辩论的叙述中,短语 tou pleonos oregesthai(无尽地贪求)出现在斯巴达使节的演说辞(4.17.4)和附言(4.21.2)中,但是相同的短语也被发现在语境完全不同的其他地方(4.92.2),[103]并且它的变体并不罕见(对照 4.41.4;6.10.5;6.83.1)。伯利克勒斯发表演说敦促拒绝斯巴达在战争爆发前不久发出的最后通牒,在这一演说的附言中,雅典人被说成是已经接受了伯利克勒斯的劝告,并提出了相应的答复(1.145)。自然地,在对他们答复的概述与伯利克勒斯演说辞的一些段落之间有着某种关联(1.140.2;1.144.2),但是这些关联并不明确。我们已经注意过位于有关奥林匹亚会议的叙述之后的一个段落,当时来自密提林的使节向斯巴达人和他们的同盟者发表演说。在那个段落(3.16.2)中,斯巴达人被说成是已经得出结论认为那些使节不诚实。这一段落记录了在奥林匹亚会议几个星期后逐渐形成的对密提林使节演说辞的反应。就我在本文中对附言这一术语所作的解释而言,严格来说,这一段落并不属于附言。不幸的是,这种检验的价值比较有限。因为,正如已经说明过的那样,导言和附言通常简短并限制在基本信息,所以无论如何我们都无法期待附言对演说辞中相关论点的参照次数会有很多。然而,此类参考的匮乏也有一定的意义,在一定程度上加强了这些情形,而这些情形使人们相信叙述和演说辞往往并没有得到很好地整合。

我现在一定要尽力说明,我的探究在一定程度上阐明了修昔底德的写作方法,进而会支撑学者们已经在其他基础上赢得认同与接受的诸多结论。关于修昔底德写作方法这一主题,存在非常多的争议,谁敢冒险表达相关意见,谁就很可能招致沉溺于玄思假想的指控。人们在《战争志》写作问题上达成一定共识的方面是,与其余部分相比,第五卷(5.25-116)和第八卷作品的明显逊色,这在很大程度上应该归因于《战争志》没有完全地修订完成。因为这两卷都没有在直接话语中包含有演说辞(除了极为反常的米洛斯对话),所以采纳这些演说辞可以被认为属于写作最后阶段。如果第五卷和第八卷代表了写作的倒数第二阶段,那么《战争志》余下内容的实质性部分可能以与第五和第八卷相同的状态存在于各个不同时期中,而这种状态就是,在直接话语中包含演说辞。在这个倒数第二阶段中,[104]间接陈述中的演说辞概述(在第五和第八卷中有很多这样的例子)毫无疑问是在每一个结尾同简短的导言和附言一起被收纳入的。当修昔底德着手写作最后的阶段时,他显然保留了这些间接陈述中演说辞概述的本来面貌,并适当地缩短或者甚至省略了另外一些。在《战争志》大多数充分完成的部分之中,间接陈述中的概述并不罕见。一个典型的例子是,雅典人在叙拉古第一次胜利后赫默克拉底演说辞的概述(6.72.2-5):它有一个简略的导言和附言,后者只说叙拉古人按赫默克拉底的劝告行动。

就演说辞而言,在写作的最后阶段中最重要的一步似乎是,在修昔底德认为特别重要或富有教益的某些情形下,把在间接陈述中的演说辞概述扩展为更长的直接话语版本。毫无疑问,他预先选取了某一些演说辞,而在其他情形下他可能将选择推迟到写作的最后阶段,那时他将会在一个更有利的处境下作出决定。部分原因可能是,导言和附言往往简短而充满事实:当他写下它们的时候,他尚未决定在何处纳入直接话语中的演说辞,或者更为重要的是,尚未决定在间接陈述中的概述中有哪些因素可以通过增补(ta deonta)而被选择用来作出全面阐述。人们已经注意到在某些情形下演说辞和它们的背景之间并没有被完美地协调起来,这种不协调暗示他并不总是同时写作演说辞和它们的背景。当到达写作的最后阶段时,他一定对导言和附言稍加扩展,并为了消除与直接话语中的演说辞的任何不协调,而对它们做了修改,同时,他可能在某些情形下成功地做到了两者,尽管轻微地修补一个现成文本是一件困难而又常常不令人满意的工作。

即便在导言和附言的写作同直接话语中演说辞的写作之间似乎存在一些时间间隔,这个间隔也不一定很长。曾经被广泛接受的观点是,所有的演说辞(或者大部分演说辞)都是战争结束后被添加到一部多年以前写成的著作上去的。不过,这个观点不可取。[105]《战争志》中可被证明是在接近于或晚于战争结束时写作的段落并不多,而且大多数都相当简短。然而,如果修昔底德想要那些处在直接话语中的演说辞发挥最大影响,并成为著作的显著标记,(正如他显然做到的那样),那么达到这一目标的一个方法是:撰写一个可能覆盖战争岁月的实质部分,而不纳入此类演说辞,而只在他能够考察他本人对一个大跨度时期的解释并能够评估由此引出的问题之时,才加上此类演说辞。如果我可以采纳格姆关于另一话题的观察,我认为演说辞和它们的背景"不是同时撰写的,并不像它们始终都存在于作者的脑海中那样一气呵成"。然而,在我看来,有一个值得注意的例外,我将注意力转向这个例外,以结束本文。

读者可能已经注意到,迄今为止还没有提及第六卷开篇处有关雅典公民大会的叙述,这次大会事关向西西里派出远征军的计划(已在早先会议上得到批准)(6.8-26)。我已把有关这一叙述的思考推延到现在,因为对我而言,这一叙述似乎在实质上不同于其他叙述,显著地在演说辞和它们的背景之间取得良好的协调。导言和附言提供了有关主要演说者——特别是尼基阿斯——的动机和情绪的丰富信息。尽管这些动机和情绪大多都是从演说辞中推断出来的,这些动机和情绪还是需要在开始时加以解释,因为修昔底德显然认为形势的发展深刻地受到尼基阿斯和阿尔喀比亚德的各自个性及他们之间的相互对抗的影响。并不存在同演说辞的内容不协调的细微迹象。用以结束阿尔喀比亚德演说辞的导言的那个段落,讨论了雅典人对阿尔喀比亚德整个生涯的态度(6.15.3-4)。这一相当具有实质内容的讨论在其语境中可能让人感到会引起某种失衡,而这一失衡越加让人相信该段落是由于其他更为有力的原因而在后来添加上去的,这一点对我来说似乎无可置疑。尼基阿斯第二次演说的导言最值得注意,尽管它仅限于一个单句(6.19.2),但它表明他在演说中被谨慎地隐瞒的动机。[106] 他采取了一个策略,打算通过坚持要求这次远征需要使用规模更大的军事资源,而使得民众放弃远征。附言重申了这一动机,但是增加了一个可供选择的情况,即"如果被迫继续这次远征,他将因此而以最大的安全度航行"(6.24.1)。修昔底德似乎没有疑问的是,他在这一点上是对的,即相信尼基阿斯的首要目的是蒙蔽公民大会。他既没有在导言中也没有在附言中使用过任何限定格式(formulae),诸如 legetai 或 hôs elegeto(他说或他已说过),而在他明显地感到证据有些不可信的地方,这些限定格式经常出现。因为他熟悉尼基阿斯的计划、动机和感受(很多都在西西里战争中表现出来)。在此例中,他可能依赖那些与尼基阿斯有交往的人或人们提供的信息。他在这一点上的确信是有关这次辩论的全部叙述的特征。虽然他没能亲身参与,但是他自信掌握了有关形势各个方面的完整而可信的证据。不管是否有足够的理由,他的信心,特别是在主要人物的个人情感与意图上的信心,毫无疑问地加强了他的叙述效果。

另一个显著的特征是有关民众对演说辞的反应的精彩呈现。尼基阿斯的第一次演说和阿尔喀比亚德的演说确实只附加了简短而惯常的注解(正如在其他地方经常发现的那样),[这些注解有:]雅典人和来自西西里来的使节发表了其他演说;赞同远征的意见坚定下来(6.15.1;19.1)。然而,尼基阿斯的第二次演说附加了一个得到充分阐述的段落(6.24.2-4),以一个著名的句子结束,即 erôs enepese tois pasin homoiôs ekpleusai("航行的激情同样地突然袭临于他们所有人身上")。这篇演说辞[近乎可笑地]产生了一个与其初衷相反的效果:他对更大规模远征的请求受到欢迎,因为增加规模将使远征的弱点减少。修昔底德随后分析了大会的情绪,解释为什么各个群体满腔热情地赞成远征。这一分析以它在心理方面的洞察而著名,尽管这一分析可能被认为是有偏见的,因为它在几乎所有提及群众意见的场合都显而易见地采用了略带轻蔑的语调。[107]一个不知名的雅典人不耐烦地要求尼基阿斯就远征规模提出明确的计划,他勉强在回应中给出他个人的估计,这被概述在间接陈述中的一个句子里。大会随后授予将军们自由行动之全权(6.25.1-26.1)。

最后投票的原因没有得到解释,因为它们已经足够清楚了。

在雅典大会上的这次辩论冗长而复杂,修昔底德也写下了冗长而复杂的记述,这无疑受到此事件重要性的影响。可以断定的是,他没有力图简化他的记述以使读者更易理解。在第一卷中他对斯巴达第一次代表大会的叙述同样冗长而复杂(它在直接话语中收纳了大量的演说辞),而讨论的问题也同样重要。这两个叙述从根本上是不同的。正如已经指出的那样,在斯巴达代表大会上一篇演说辞的导言与这篇演说辞本身的开头之间存在不适当的重复,而附言主要关心一个枝节问题,即在那种场合下为得出决议而采用的不寻常的方法。注意力集中于那些覆盖了由雅典之争议与战争前景所引发的广泛论题的演说辞,斯忒涅莱达斯的演说辞除外。对很多其他辩论的记述具有相似的特征,但是关于西西里远征的辩论的记述不是其中之一。

尼基阿斯和阿尔喀比亚德的演说辞几乎只关注辩论当天存在的实际问题,尽管它们也包含了在修昔底德所有的演说辞中都可以找到的有关此类演说辞的一般化特点。尽管阿尔喀比亚德间接地提到了雅典人赢得帝国的那个时期(6.17.7)以及有关雅典人在活力与胆识上的名声(6.18.2-3和7),但在尼基阿斯和阿尔喀比亚德的演说辞中,对多少有些遥远的过去的提及还是非常少,而在其他地方,这种提及通常被用来作为当下论述的根据。这两位演说者都没有考虑这样一个意在剥夺其他城邦独立地位的远征在道义上是否正当,而只考虑它是否将有益于雅典。与当时公民大会上演说者的一般作法相比,尼基阿斯和阿尔喀比亚德可能的确在事实上更严格地将自己限于讨论中的问题,[108]不幸的是,并没有可靠的相关证据保存下来。然而,可以论证的是,修昔底德对他们二人演说辞的表述的确比《战争志》中大多数其他演说辞更加紧跟当时的实践(contemporary practice)，而在那些其他的演说辞中，对处于语境之外的相关的一般原则的讨论在很多情况下可被认为属于修昔底德本人提供的 ta deonta。换句话说，同在公民大会上发表的任何其他由修昔底德叙述的演说辞相比，尼基阿斯和阿尔喀比亚德的演说辞可能更加接近于我们所说的"实况报告"。

这一印象——仅仅是一个印象——可以由演说辞同导言与附言之间非同寻常的紧密协调而得到加强，而我们已经注意到这样的协调。可以认为，修昔底德已经透彻思考并同时没有中断地写下了有关这次辩论的整个叙述，而且他在写作时采用了一种很大程度上是新颖的写作技巧，以创造一种更加具有现实感的效果。我们可以在第六卷其他演说辞中看到这种写作技巧的痕迹，例如赫默克拉底与阿特纳哥拉斯在叙拉古的演说辞(6.32.3-41)和阿尔喀比亚德在斯巴达的演说辞(6.88.9-93.3)。不过，修昔底德没有放弃他先前的方法，而他先前的方法明确地体现于他对赫默克拉底和攸菲姆斯在卡在马瑞纳辩论中的演说辞的处理(6.75.4-88.2)。我愿意这样认为，他对方法的修正(正如我所表明的)与他在《战争志》下半部分中对主要人物之个性逐渐增多的关注有关，而这就是我在拙作《修昔底德笔下的个人》(*Individuals in Thucydides*)中力图确立的一个论点。

普鲁塔克笔下的修昔底德演说者

斯塔特(Philip A. Stadter)

[109]修昔底德的《战争志》对我们关于公元前五世纪末期的看法当然影响深远,但也正是由此,这一影响也是难以估量的。它对古代作家们的影响可能更易理解。既然在修昔底德之后普鲁塔克的《名人传》是我们有关这段时期的最好资料来源,那么我愿意考虑修昔底德的《战争志》,尤其是演说辞,是怎么影响普鲁塔克的,以及普鲁塔克从大师的表述那里能得益多少,又背离多少。我希望对这些问题的解释可以提供一个关于修昔底德《战争志》的不同视角,看看它在古代是被怎么阅读的,以及普鲁塔克自己对他的主角的解释。

毫无疑问,普鲁塔克熟知修昔底德,并且在相应的名人传记中——《忒米斯托克勒传》(*Themistocles*)、《伯利克勒斯传》(*Pericles*)、《尼基阿斯传》(*Nicias*)、《阿尔喀比亚德传》(*Alcibiades*)以及其他地方中大量利用过修昔底德。由梅耶①(Eduard Meyer)和其他人提出的极端观点——普鲁塔克从未

---

① *Forschungen zur alten Geschichte*(《古代历史研究》)(Halle,1899),2:67。

利用过修昔底德——已经寿终正寝。① 普鲁塔克指名道姓地从修昔底德那里引用特定的段落,大约在《名人传》中有 23 次,在《论丛》(*Essays*)中有 30 次,这还不包括一般的提及和否定陈述(例如"修昔底德没有提到这点")。在《名人传》的 23 次引用中,[110]他仅有一次批评了修昔底德的陈述[在《吕库戈斯传》(*Lycurgus*)27 中,关于斯巴达的 xenêlasia(即"驱逐外邦人"法案,排外法案)问题,提到葬礼演说,2.39.1]。与其他相互矛盾的资料来源相比,他通常更喜欢修昔底德。有关《伯利克勒斯传》、《尼基阿斯传》、《阿尔喀比亚德传》的详细研究表明,修昔底德的叙述被系统地挖掘出来,用来作为主角的相关材料。②

让我举出两个有关普鲁塔克写作技艺的简短例子。在《尼基阿斯传》第 6 章中,普鲁塔克在一个地方集中提到,征服库特拉(Cythera),战胜色雷斯(Thrace),远征麦加拉(Megara)和米诺阿③(Minoa),进攻科林多领土,夺取提瑞阿(Thyrea),这些都是取自修昔底德《战争志》第三、第四卷中散见的章节(4.53-54,4.129-131,3.51,4.42-45 和 4.56-57)。也就是说,他已经总结了直至尼基阿斯和约为止修昔底德对

---

① 参照 A. W. Gomme,《修昔底德战争志笺注》(1956),1:75,81-84;C. Theander, *Plutarch und die Geschichte*(《普鲁塔克和历史》),*Bulletin de la société Royale des Lettres de Lund*(《隆德皇家文学会通报》)(1950-1951),页 48-50;K. Ziegler, s. v. "Plutarchos 2",载于 Pauly-Wissowa-Kroll, *Real-Encyclopôdie der klassischen Altertumswissenschaft*(《古典学百科全书》)21,第 1 部分(1951):912。

② 最简单的证明参见 Ziegler 的 Teubner 版《名人传》和 Flaceliere 为 Bude 版所作的引言和注释。

③ 普鲁塔克误解修昔底德关于此次冒险的叙述的一个讨论,参见 W. E. Thompson,《古典季刊》新丛刊 19(1969):160-162。

尼基阿斯的每次提及,而尼基阿斯与克里昂关于皮洛斯的辩论以及进攻米洛斯(Melos)除外,因为他将前者留在第7章中作更详细地处理,并在《尼基阿斯和克拉苏比论》(*Comparison of Nicias and Crassus*)3.5中提到后者。

就《伯利克勒斯传》而言,问题更为复杂,因为普鲁塔克关于他的主角拥有如此更多的信息,而修昔底德在战争爆发之前仅仅简要地提到伯利克勒斯。然而,我们发现普鲁塔克收集了修昔底德在《战争志》第一卷中对伯利克勒斯的每次提及,并在合适的地方加以利用。科林多海湾中的远征(*Thucydides* 1.111.2 =《伯利克勒斯传》29.8)、优卑亚远征(1.114.1 =《伯利克勒斯传》22.1;1.114.3 =《伯利克勒斯传》29.8)、萨摩斯战争(1.116-117 =《伯利克勒斯传》24.1,25-26,27.1,28.1)、阿克密尼德族(Alcmaeonid)的诅咒(1.127.1 =《伯利克勒斯传》33.1,一个明确的引用),以及最后关于麦加拉法令的辩论(1.139.4-1.145 =《伯利克勒斯传》29.8)都被引入了《名人传》。

就《阿尔喀比亚德传》而言,这一写作技巧的体现则相对不明显,因为修昔底德在5.43.2中首次介绍他,此后阿尔喀比亚德就是《战争志》的主要人物之一。普鲁塔克当然很熟悉修昔底德的阿尔喀比亚德形象,正如我们将要说明的那样。

修昔底德很少对相关历史人物作出一般评论或评价,[111]但是一旦他作出评论或评价,普鲁塔克就视如珍宝。《战争志》2.65中关于伯利克勒斯的评价在《伯利克勒斯传》中被明确地引用两次(9.1和15.3),在论丛中又引用了一次(802C);《战争志》7.50.4中对尼基阿斯的虔敬的评论在《论希罗多德的恶意》(*On Herodotus' Malice*)(855C)中也被称赞为是公正的,并且在《尼基阿斯传》4.1中被引用;《战争志》

6.15 中有关阿尔喀比亚德性格的素描被引述在《阿尔喀比亚德传》6.3 中。甚至《战争志》8.73.3 中关于海柏波拉斯(Hyperbolus)的两个词的评价,Mochthêron anthrôpon(一个卑劣之徒),在《阿尔喀比亚德传》13.4 和《论希罗多德的恶意》(855C)中也被引用,并在《尼基阿斯传》11.5 中被提到(tên mochthêrian)。

那么,鉴于普鲁塔克对修昔底德知之甚熟并利用了他,他是如何利用那些演说辞的?与大多数历史学家不同,修昔底德不常用演说辞去介绍个人感受、刻画性格,或者在另外一方面使演讲者更富人性并更易于为我们所理解。他更少谈及政治行动背后的个人动机。演说辞最为通常的是以最一般的词语陈述立场或者分析现在或将来的各种可能性。然而,吸引普鲁塔克的则完全是个性品质以及个人对行动的影响。他想要阐明行动背后的人,说明这个人是一个受人的焦虑、德性和弱点影响的真实人物。

因而,如同他的叙事那样,这位传记作家倾向于利用那位历史学家笔下的演说辞,甚至属于他的主角的那些演说辞:作为一个能够提供有用细节的宝库。他在演说辞中搜寻事实性的或显示性格的材料。① 让我们来考察一下他在《伯利克勒斯传》中的做法。修昔底德赋予这位政治家三篇直接演说辞和一篇间接演说辞。普鲁塔克在 29.8 中概述了第一篇演说辞,讨论引起战争的麦加拉法令:"伯利克勒斯反对撤

---

① D. A. Russell 已经表明普鲁塔克如何在十分不同的情况下以相同的方式对科里奥兰纳斯(Coriolanus)利用了哈利卡纳苏的狄奥尼修斯(Dionysius of Halicarnassus)那里的演说辞:*Plutarch's Life of Coriolanus*(《普鲁塔克的科里奥兰纳斯传》),*Journal of Roman Studies* 53(《罗马研究期刊》53)(1963):21-28。

销法令并力促人民持续他们对麦加拉人的敌对状态。"之后不久(31.1),他思考了导致伯利克勒斯这一做法的动机。普鲁塔克告诉我们,所有的作家都同意伯利克勒斯应该对战争负责,但是有的人说伯利克勒斯是出于傲慢自大,另一些人(最坏而最流行的指控)说伯利克勒斯想把注意力从对他及其朋友的指控那里转移开,[112]也有另一些人说伯利克勒斯这样做是出于一个更高尚的理由。普鲁塔克最先给出也最赞成的最后一个判断①是这样表述的:"他在这一点上的坚定立场基于最高的动机,并精明地考虑了雅典最高利益之所在,因为他相信决定撤销法令的要求是用来考验城邦的抵抗力的,答应撤销法令将被视作承认软弱。"这个观点直接取自修昔底德笔下的伯利克勒斯演说辞(1.140.5),相同的字词 apischurizomai, peira, xynchôreô 出现在普鲁塔克的解释中。修昔底德创作这篇演说辞是要表述战争爆发时伯利克勒斯的道德立场。

在第 33 章中,普鲁塔克想起斯巴达用以削弱伯利克勒斯地位的诡计。首先他提到阿克密尼德族的诅咒,征引了修昔底德(1.127),随后提到阿奇达姆斯不破坏伯利克勒斯的土地财产的可能性。这一可能性和伯利克勒斯的回应——把他的财产献给国家——都是取自修昔底德(2.13)。这位历史学家提到,伯利克勒斯怀疑阿奇达姆斯可能出于个人或政治的原因不破坏他的土地财产,因而发表了一个演说,承诺如果他们不破坏的话,就把他的土地财产给予人民。普鲁塔克给出的论证与修昔底德所叙述的相同,尽管字词上略有不同。韦斯特雷克评注了修昔底德笔下的这一段说:"只在此

---

① 参照他针对戏剧诗人控诉的评论,*De Malignitate Herodoti*(《论希罗多德的恶意》)856 A。

处,修昔底德提及了伯利克勒斯的私人利益,而提及它们,是因为这一事件在政治上相当重要。"①因此,值得注意的是,普鲁塔克正是利用这一部分描绘伯利克勒斯的性格以及他为保持对雅典人的支配地位所借助的方法。伯利克勒斯采取这一步做法时的心甘情愿,正是他的领袖才能中的重要因素。普鲁塔克头脑中当然有法比乌斯(Fabius Maximus)的例子,这位英雄在他的《名人传》中被放在平行于伯利克勒斯的位置,当汉尼拔(Hannibal)蹂躏他邻人的土地而不破坏法比乌斯的土地,法比乌斯的地位就被严重削弱了(《法比乌斯·马克西穆斯传》7.4-5)。在修昔底德笔下,伯利克勒斯的行动似乎是他深谋远虑的一个例子。[113]在普鲁塔克笔下,这一行动是他在民主政体中保持君主权力之能力的证据。

普鲁塔克仅仅在35.4再一次提到修昔底德提供的一篇伯利克勒斯演说辞,他在那里说这位政治家试图安抚和鼓励雅典人,这参照了伯利克勒斯最后的一篇演说辞(2.60-64)和修昔底德用以介绍这篇演说辞的短语:"他想恢复他们的信心,将他们从愤怒的感情引向更镇静和更不害怕的心灵状态。"②在此,普鲁塔克强调了掌控他的反对派,这又一次揭示了普鲁塔克在伯利克勒斯身上看到的一个主要特征,他的praotês(温和)或者说拒绝变得激动,以及与此相关的坚决抵制反对者非理性状态的能力,一种与法比乌斯相同的品质(《伯利克勒斯传》2.5)。

---

① H. D. Westlake,《修昔底德笔下的个人》(Cambridge,1968),页31。

② 哈利卡纳苏的狄奥尼修斯注解说演说辞本身并不像我们在这一情形下可能预料的那样是安抚性的[On Thucydides 44(《论修昔底德》44)]。正如修昔底德所言,它更加是 gnômê 战胜 orgê 的一个例子。

如果我们转向《尼基阿斯传》，我们发现出自修昔底德赋予尼基阿斯的演说辞中的选段可以用以揭示这位主角在根本上具有的胆怯和弱点，在《尼基阿斯传》3.5 中提到的 deilia（胆怯）的缺点。修昔底德笔下克里昂和尼基阿斯之间关于皮洛斯的辩论（4.27-28），为普鲁塔克在《尼基阿斯传》7 中的叙述提供了材料：尽管没有直接引用，却有很多言词的相似。① 普鲁塔克将尼基阿斯在皮洛斯战役中向克里昂屈服视为严重错误，这暴露了他的胆怯并削弱了他的声望。该辩论的这一解释在《尼基阿斯传》8 中出现，辅助来自特奥蓬波斯（Theopompus）、亚里士多德和阿里斯托芬的引用和材料。

修昔底德笔下尼基阿斯和阿尔喀比亚德之间的两次伟大交锋以同样的方式得到利用。在斯巴达使团的例子中（*Thucydides* 5.45-46），普鲁塔克清楚地表明阿尔喀比亚德的诡计和尼基阿斯的无能（虽然是高贵的无能）。他没感到有必要引用尼基阿斯的演说辞，而是仅仅提到它而已（《尼基阿斯传》5.7）。阿尔喀比亚德无德的才智战胜了一个良好而软弱的人。类似地，在利用关于西西里远征的辩论时（*Thucydides* 6.9-26），普鲁塔克谈及尼基阿斯阻止这个行动的努力，甚至在他的演说中对阿尔喀比亚德进行个人攻击[114]（《尼基阿斯传》12.4 = *Thucydides* 6.12.2），但是马上又解释他的警告是没用的。

按普鲁塔克自己的说法，他对西西里远征的叙述（《尼基阿斯传》1.5）主要是依赖修昔底德。在描写他认为尼基阿斯具有的弱点时，他发现修昔底德赋予尼基阿斯的言词特别有用。因此，尼基阿斯在将军议事会上的意见（6.47）在《尼基阿斯传》14.3 中被重述，使用了与修昔底德所用的相同的基

---

① 特别注意《尼基阿斯传》(7.3-5) 和 *Thucydides* (4.28.1-2)。

本短语：epideixasthai ta hopla 和 apoplein Athênaze，"展示他们的武力"和"驶回雅典"。然而，普鲁塔克比修昔底德更直率地批评尼基阿斯，因为他没有勇敢地面对手头的难题，使得他的军队士气消沉。这位传记作家只是简要地提到了(19.10)尼基阿斯写于巨利浦斯到达之后发自西西里的那封信(*Thucydides* 7.11-15)，但普鲁塔克清楚地揭示出弥漫于信中的灰心丧气的感觉。尼基阿斯在信中的详细论证在下一章被用来描述此时尼基阿斯和雅典人的实际情形(《尼基阿斯传》20.3-4)。

普鲁塔克在第22章中叙述了尼基阿斯和德摩斯提尼在袭击厄庇波拉之后所进行的商议(《战争志》7.47-49)。修昔底德把有关那一场的两个意见归给尼基阿斯：他关于需要谨慎谈及撤退、叙拉古的困难处境以及他从叙拉古的雅典党派得到的信息的私下观点(以 enomize 引入)；他关于回到怀有敌意的雅典会陷入的耻辱和死亡的危险，以及叙拉古的虚弱处境的公开说辞(emphanês logos)。普鲁塔克仅仅选择报告了 emphanês logos，并且仅仅是涉及尼基阿斯忧惧的那部分。普鲁塔克通过忠实地缩写修昔底德的措辞以及将之与拜占庭的莱昂(Leon of Byzantium)的陈述相对照，特别强调了与死于同胞公民之手相比，尼基阿斯更愿意死于敌人之手(《战争志》7.48.4 =《尼基阿斯传》22.3)，尼基阿斯再次被表现得软弱，并且害怕履行其真正的责任。正如通常情况那样，修昔底德关于力量的分析被省略。不过，在《尼基阿斯传》22.4中，普鲁塔克提到尼基阿斯可能从叙拉古的亲雅典组织获得了信息。

尼基阿斯最后对军队作的引人怜悯的训词(修昔底德7.77)没有被直接引用，[115]但是在描绘病弱中的尼基阿斯作最后的努力去拯救军队的时候，被提到并加以利用。修昔底德运用了引人怜悯的短语 tais para tên axian nun kakopathiais(我们目前不该受的苦难)(7.77.1),紧接着说到 xymphorai ou kat' axian(不该受的灾难)(7.77.3)。普鲁塔克在《尼基阿斯传》26.4 的 par' axian 和 26.4-6 的整个进程中选用了这一点。

那么,我们已经看到在《尼基阿斯传》中与在《伯利克勒斯传》中一样,普鲁塔克从演说辞中提取那些性格解释的要素和因素,因为它们适合于他对主角的构想。在这一点上,尼基阿斯的演说辞被证明比伯利克勒斯的更丰富。在修昔底德笔下似乎已经是这样,尼基阿斯同克里昂的辩论、同阿尔喀比亚德的两次争辩以及甚至他的一般意见都要比伯利克勒斯的演说辞更富个性感。后者似乎主要是属于永恒世界的一个理想,而尼基阿斯的演说辞与人类的情感、政治斗争和弱点联系在一起。①

作为修昔底德笔下的演说者,阿尔喀比亚德第一次出现于斯巴达使者们著名的受骗中,他就已经被与尼基阿斯联系在一起思考了。正如可能被预料的那样,这位传记作家稍稍不同地在《阿尔喀比亚德传》中介绍了这则材料。为了取得戏剧效果,他把阿尔喀比亚德对斯巴达人的建议改为直接话语,并且扩展了它(14.8-9,对照《战争志》5.45.2)。之后,当斯巴达的使者们出现在大会上,普鲁塔克详细阐述了修昔底德的陈述,"阿尔喀比亚德比以前任何时候都吼得响,以此来反对斯巴达人"(5.35.4)。事实上,我们在该传记中发现"阿尔喀比亚德立即愤怒地吼叫着攻击他们,好像受害方是他而不是他们似的。宣称他们是背信弃义并反复无常之徒,没有担负值得信赖的任何使命"。正如可能被预料的那样,这位

---

① 参照 Westlake 的结论,《修昔底德笔下的个人》,页308。

传记作家在这段情节中充分揭示出阿尔喀比亚德用以成为城邦中的首要人物的巧言善诱、寡廉鲜耻。尽管修改过了,这段情节还是明显取自修昔底德,正如就这一方面,在《阿尔喀比亚德和科里奥拉努斯比论》(Comparison of Coriolanus and Alcibiades)2.2 中对那位历史学家的引用所证实的那样。修昔底德本人在这个段落里以极不同寻常的方式集中于阿尔喀比亚德的个性和个人野心。

[116]我们很惊讶地发现,普鲁塔克相当快地略过关于西西里的辩论,特别是阿尔喀比亚德的演说辞(6.16-18),而这篇演说辞曾被界定为"在很大程度上是一项对性格的研究"。① 普鲁塔克叙述的重点是此项事业之伟大(《阿尔喀比亚德传》17-18):叙述尼基阿斯的演说辞是因为该演说辞强调了那些已被预料到的困难,但是阿尔喀比亚德的演说辞的出现仅仅被认为是"阿尔喀比亚德反驳了他的论述并在他面前继续推进一切"。然而,事实上,普鲁塔克对这篇演说辞以及它所呈现的性格特征有着清醒的认识。不过,普鲁塔克选择把这篇演说辞中的材料分配在阿尔喀比亚德一生中那些最适合普鲁塔克之构思的地方。关于阿尔喀比亚德在奥林匹亚赛会马车比赛胜利的那个细节(6.16.2)出现在《阿尔喀比亚德传》11.2,普鲁塔克在那里将修昔底德的证据同出自欧里庇得斯诗歌的证据作了对比。阿尔喀比亚德在感恩礼拜仪式中的慷慨大方(6.16.3)在《阿尔喀比亚德传》16.4 中被提到。当然,阿尔喀比亚德对成为首要人物的渴望如此明显地表达在这篇演说辞中(6.16.4-6),而普鲁塔克将这种渴望视为他的主要品性,正如普鲁塔克频繁指出的那样。特别要注意他在第 2 章中首次提及 to philonikon … kai to

---

① 同上,页 220。

philoprôton,以及在《阿尔喀比亚德和科里奥拉努斯比论》中最后的评论,5.1:"阿尔喀比亚德从来没有否认过他热衷于被赞扬,憎恨被忽视。"最后,普鲁塔克对亚哥斯(Argive)联盟和曼提尼亚战役的解释(《阿尔喀比亚德传》15.1-2,41.3)取自于阿尔喀比亚德在这篇演说辞中的言词(6.16.6)。

阿尔喀比亚德在到达斯巴达时的演说辞又一次仅是被有选择地利用。普鲁塔克选择只报告作战的三个主要战略建议——派吉利普斯去叙拉古,推进反对雅典的战争,以及占领狄凯里亚(《阿尔喀比亚德传》23.2)。阿尔喀比亚德在此处概述了征服西西里、迦太基、意大利和伯罗奔半岛的计划,这已经连同西西里远征被提到过了(《阿尔喀比亚德传》17.3)。① 演说辞的其余部分被作为不相干的东西而忽略。普鲁塔克要么省略要么十分概括性地提到了阿尔喀比亚德在第八卷中为数不多的几篇演说辞,在此无需对之进行考虑。

无论是否是因为修昔底德对伯罗奔半岛战争历史的态度有一个转变,或者还是因为伯利克勒斯的政治风格实际上是非个人的、理性的,而阿尔喀比亚德的政治风格是个人的、浮华的,阿尔喀比亚德的演说辞远比伯利克勒斯的演说辞显得更加生动,[117]并贴近其人。普鲁塔克明显利用了这一事实,然而出于某种原因他没有像我们可能预料的那样利用很多,这主要是因为他从同时代人或近于同时代的人的其他资料来源掌握了众多关于阿尔喀比亚德的材料。

一些词句可能在演说辞或演说辞的片断中是适宜的,但被普鲁塔克所省略。他的原则可能最清楚地体现在《伯利克勒斯传》中。这位伟大政治家的起先两个演说中包含对力量

---

① 也参照《尼基阿斯传》12.2。

和策略的分析,它们对于修昔底德而言是主要的价值(1.141-144,2.13.2-8),但普鲁塔克省略了这些分析而全神贯注于性格问题。这位传记作家选择避免讨论伯利克勒斯一生中的那些慎虑的部分,而它们可能证明伯利克勒斯是正确的:他关切决策及其直接结果。值得注意的是,普鲁塔克在省略中并非不知道这些演说辞中提出的财政问题以及伯利克勒斯决策的最终正确性。在《阿里斯提德传》(Life of Aristides)24.4中,他为了说明得自贡款的600塔兰特的收入而引用了间接陈述中的演说辞(《战争志》2.13.3),并且在《论不借钱》(On Not Borrowing)828B中,为了说明雅典娜雕像上黄金的紧急用途而引用了同一篇演说辞(2.13.5)。伯利克勒斯计划之明智在《伯利克勒斯和法比乌斯·马克西穆斯比论》(Comparison of Pericles and Fabius)与其他地方之中都被提到。修昔底德演说辞中最有名的葬礼演说完全被普鲁塔克忽略了,我希望稍后阐明其原因。然而,普鲁塔克知之甚熟,因为他在其他著作中比任何其他章节都更为频繁地引用它。关于葬礼演说,在《论故作谦虚》(On False Modesty)533A和《老人应否参与统治》(Whether an Old Man Should Participate in Government)783F中有直接引用,在《吕库戈斯传》27.6和《妇人之勇》(Female Bravery)242E中有自由引述,在《阿里斯托芬和米南德比论》(Comparison of Aristophanes and Menander)854A中有一处措词上的追忆。

修昔底德在伯利克勒斯最后一篇演说辞中关于雅典处境真实性质的分析也被这位传记作家删去了,尽管普鲁塔克对此也非常熟悉,并在其他著作中引用四次(在《论自我吹嘘》(On Self-praise)540C和《如何告语朋友的奉承者》(How to Tell a Flatterer from a Friend)73A中直接引用;在《论自我吹嘘》535E中一处随意地引用;在《统治规则》(Rules for Governing)803B 中一般地提到这篇演说辞——"瘟疫之后的那篇演说辞。"

同类的材料在《尼基阿斯传》和《阿尔喀比亚德传》中被删去:对力量和对行动、[118]预言和解释之原则的透彻考虑。一个特殊的种类是将军的战前演说,它们通常被用来澄清战役的因素。尽管在修昔底德笔下尼基阿斯发表了四篇战前演说辞(6.68.1-4,7.61-64,7.69.2,7.77),但只有 7.77 被利用,这是因为它引人怜悯。①

我已经较详细地证明了普鲁塔克将修昔底德笔下的演说辞作为材料来源的一种利用方式。可是,普鲁塔克很少给出任何提示以表明,他认为这些演说辞是更重要的东西,它们仅仅是普鲁塔克的主角在特定时间中思想与言词的记录。问题是,普鲁塔克在什么程度上认为演说辞是真实的?

在《伯利克勒斯传》第 8 章中,普鲁塔克思考了这位政治家作为一位演说家的天赋,这种天赋使他在雅典卓尔不凡。他提到阿那克萨哥拉(Anaxagoras)的影响,引用了柏拉图和阿里斯托芬,讲了各种奇闻轶事。但是在所有这些之后,他不得不总结说"除了一些法令,他没有留下任何文字"(enpraphon men oun ouden apoleloipe plên tôn psêphismatôn)。② 他继续说,只有一些词句被记录,并引用了其中一些。我们可以加上出自亚里士多德《修辞术》中的其他一些词句。这些引

---

① 阿尔喀比亚德和尼基阿斯的演说辞比伯利克勒斯的演说辞较不著名,除了在这些传记中之外,似乎没有被普鲁塔克提到。

② Quintilian 也坚定地声明伯利克勒斯没有留下任何文字的主张 12.2.22,12.10.49,和 3.1.12。最近对西塞罗的陈述的明确反驳在 Brutus(《布鲁图斯》)27,伯利克勒斯的一些演说辞遗存了下来。西塞罗正想起的是修昔底德笔下的演说辞:参见 A. E. Douglas, *M. Tulli Ciceronis Brutus*(《西塞罗笔下的布鲁图斯》),Oxford,1966,页 xlv-xlvi。

用,连同第 33 章中普鲁塔克的其他引用,一共组成了八个残篇。除了修昔底德的著作之外,我们关于伯利克勒斯演说辞的知识实在很贫乏。① 普鲁塔克的意见是清楚的:如果修昔底德仅仅知道伯利克勒斯的只言片语的话,那么修昔底德的演说辞不能被当做伯利克勒斯演说术的典型代表。事实上,没有一条保存下来的值得记忆的词句在修昔底德笔下出现,甚至随意的重述也没有。被保存下来的残篇好像甚至都没有提到过修昔底德叙述的伯利克勒斯演说的场合。②

[119]最有趣的例子是葬礼演说,毫无疑问这是修昔底德笔下最精彩的演说辞。这位历史学家告诉我们,这篇演说辞或类似的东西(toiade)是伯利克勒斯在伯罗奔半岛战争第一年结束时发表的。然而,就葬礼演说的光辉壮丽而言,非常奇怪的是,修昔底德是我们有关这篇演说辞的唯一证人。

另一方面,我们知道伯利克勒斯为萨摩斯战争的死者发表了另一篇葬礼演说。一个短语被斯特辛布罗特(Stesimbrotos)所引用,普鲁塔克从他那里引用来重述了一遍(《伯利克勒斯传》8.9),并提到伯利克勒斯在萨摩斯阵亡者祭坛上的颂词。被归在德摩斯提尼名下的葬礼演说仿效了这个关于死者不朽的同一短语(60.34)。那么,存在两个值得注意的伯利克勒斯

---

① 也存在关于伯利克勒斯的评论注释的不同传统,其中之一 W. R. Connor 成功地追溯到 Theopompus:"Vim quondam incredibilem: A Tradition Concerning the Oratory of Pericles(Vim quondam incredibilem:一个有关伯利克勒斯演说术的传统)", *Classica et Mediaevalia*(《古典与中世纪》)23(1962):23-33。

② 八个残篇中的两个出自萨摩斯的葬礼演说:亚里士多德《修辞术》3.10.7 和 1.7.34,普鲁塔克《伯利克勒斯传》8.9;余下的出自未经确认的其他演说:《修辞术》3.10.7,3.4.3,3.18.1,普鲁塔克《伯利克勒斯传》8.9,33.5。

的葬礼演说吗？我们可能纳闷，因为亚里士多德(《修辞术》1.7.34)引用了另外一个段落说"正如伯利克勒斯在这个葬礼演说中所说的那样"(hoion periklês ton epitaphion legôn)。这一葬礼演说：该短语也许只是意味"传统的雅典葬礼演说"，但是我更认为它意味着"伯利克勒斯著名的葬礼演说"。他所引用的残篇，将一国的青年比作一年的春天，并没有反映在修昔底德的葬礼演说中，但似乎影响了希罗多德(7.162.1)。看起来，伯利克勒斯的这篇葬礼演说辞不是发表于公元前431年，而是在早些年中为萨摩斯战争的死者而作的。①

那么，柏拉图在《墨涅克塞努》(Menexenus)中提到的是哪一篇演说辞？苏格拉底在其中说阿斯帕西娅(Aspasia)曾经教他一篇由残篇组成的葬礼演说辞，那篇葬礼演说由她写作而成但讲演者是伯利克勒斯(ton epitaphion logon hon Periklês eipen,《墨涅克塞努》236B)。这次又是一篇伯利克勒斯的葬礼演说——但却是由阿斯帕西娅写作而成！柏拉图在这篇对话中特别具有反讽意味，因而几乎不能当做是准确的历史信息而对之信以为真——对此，以下情况足以证明，苏格拉底实际上死于399年，而对话录撰写的苏格拉底提及了386年的安塔尔基达斯(Antalcidas)和约(《墨涅克塞努》245E)。[120]然而，对于修昔底德笔下葬礼演说的各种回应表明，柏拉图心里知道那篇独特的演说辞，而完全没有提及

---

① 参照 P. Treves, *Herodotus, Gelon and Pericles*(《希罗多德、格隆和伯利克勒斯》), *Classical Phlilology* 36(《古典语文学》36)(1941)：321-345，特别是322-326。有关这一演说的内容和可能的类似物的思考，参见 Leo Weber, *Perikles samische Leichenrede*(《伯利克勒斯的葬礼演说辞》), *Hermes* 57(《赫尔墨斯》57)(1922)：375-395。在亚里士多德那里的章节被 C. W. Fornara 给予不同的解释，*Herodotus, An Interpretative Essay*(《希罗多德释论》)(Oxford, 1971)，页83-84。

雅典帝国或伯罗奔半岛战争的荣耀,这证明柏拉图强烈反对那篇演说辞所表达的帝国主义态度。柏拉图谈到的是修昔底德提供的伯利克勒斯演说辞的最初原文吗？我更倾向于同意卡恩(Charles Kahn)在最近一篇文章中表达的观点,①柏拉图心中的演说辞就是修昔底德提供的演说辞,而后者可能只是新近才出版的。柏拉图反对的不是近五十年前伯利克勒斯的演说辞,而是同时代人对帝国和民主政体观点的解释,它才是柏拉图无法容忍的。

看来关于普鲁塔克的合理结论是,著名的葬礼演说本质上是修昔底德的,而不是伯利克勒斯的,并且即使正如在整个战争中重要人物每年都必须做的那样,伯利克勒斯的确在431年登上bema(讲坛),他也没有说什么值得记忆的东西。②

既然普鲁塔克没有接受修昔底德笔下的演说辞,将之作为伯利克勒斯风格的证据,因而他不以此为根据来评断伯利克勒斯的演说术。他宁可引用多种多样的资料来源——柏拉图,特奥蓬波斯,喜剧作家们,修昔底德本人——以记录伯利克勒斯修辞术的效果(特别参看第8章和第15章)。阿尔喀比亚德的情况也同样如此。对于他的演说术,普鲁塔克引用了德摩斯提尼和特奥弗拉斯特(Theophrastus)(《阿尔喀比亚德传》10.4),而不引用修昔底德的演说辞。

就以下事实而言,我认为这一点是尤为重要的:普鲁塔

---

① *Plato's Funeral Oration: The Motive of the Menexenus*(《柏拉图的葬礼演说:〈美涅克塞努〉的主题》),*Classical Philology* 58(《古典语文学》58)(1963):220-234。

② 哈利卡纳苏的狄奥尼修斯也持有这个观点,*On Thucydides*18(《论修昔底德》18)。狄奥尼修斯有关修昔底德作为公共演说辞的演说的批评(章49-50),不仅仅是理论性的,并且西塞罗也分享了这一批评,参见 *Orator* 30-32,*Brutus* 287-288。

克经常在他的《名人传》中利用真实的演说辞或其他书面材料作为资料来源。我们只需想到《德摩斯提尼传》和《西塞罗传》,其中频繁地引用来源于主角本人的著作。我们也可以引证——这个目录是不完整的——梭伦(Solon)的诗,亚历山大的信,阿拉图(Aratus)和苏拉(Sulla)的自传以及凯撒的评论,它们都在相应的传记中被利用。普鲁塔克渴望利用来自于其主角的真实材料,将之作为一个资料来源,但是他不能承认修昔底德的演说是真实的。

[121]我的探究始于普鲁塔克的短语,它能够为讨论提供其他的东西:"除了一些法令,他没有留下任何文字。"那么,普鲁塔克认为法令被保存了下来。事实上,这位传记作家引用了许多伯利克勒斯的法令:召回客蒙(Cimon)的法令(10.4),召集一个泛希腊代表大会的法令(17.1),发动远征萨摩斯的法令(24.1 和 25.1),派使者安特摩克里托斯(Anthemocritus)去麦加拉人和斯巴达人那里的法令(30.2-3)。(不能确定有关公民身份的法律,37.3 和 5,是否应该包括在内。)普鲁塔克大概是在克拉特鲁(Craterus)的集子里找到这些法令的,他在其他地方也引用过这部集子。①

这些法令是伯利克勒斯在特定时刻之观点的真实表达,普鲁塔克给予它们某种突出地位。他对代表大会法令的使用特别有趣。他把整个第 17 章用于描写通过法令的原因,并概述法令的内容。但是这个法令毫无结果,普鲁塔克感到他必须以

---

① 关于克拉特鲁,参见 F. Jacoby, *Fragmente der griechischen Historiker* 342(《希腊纪事家残篇》342)和参考书目中引用到的材料。E. Meinhardt证明了,普鲁塔克在伯利克勒斯传中经常利用克拉特鲁,见 *Perikles bei Plutarch*(《普鲁塔克的伯利克勒斯传》)(Frankfurt am Main, 1957)。

某种特别的方式证明,他不厌其烦地提到它是正当的(17.4)。他声明:"我纳入这个细节是为了表明伯利克勒斯的精神(phronêma)和雄心(megalophrosynên)。"这个法令号召全希腊人统一行动,它是雄伟风格的领袖才能的典范,是伯利克勒斯自我实践并敦促雅典人的宏大心志的典范,正如普鲁塔克在介绍这一法令时强调的那样:"他鼓励人民去珍惜高远的雄心,取得自信能完成伟大的功业。"(epairôn ho Periklês ton dêmon eti mallon mega phronein kai megalôn hauton axioun pragmatôn, 17.1)修昔底德笔下的葬礼演说本身当然是对伯利克勒斯与雅典之 megalophrosynê(雄心)的另一项研究,由于它行文之遒劲与优美而得到更加频繁的引用。然而这位传记作家在此选择的落脚点不是位于修昔底德的雄辩上,尽管它是杰出的,而是位于他的主角的真实提议上。对普鲁塔克来说,修昔底德的葬礼演说表现的思想不是伯利克勒斯本人的思想,而是修昔底德的思想,他更喜欢较少表现力却更真实的法令。

　　普鲁塔克持有的这一方面的同时代法令无疑影响到他对伯罗奔半岛战争爆发的表述,[122]因为除了修昔底德、埃福罗斯(Ephorus)和喜剧诗篇,某些相关法令似乎是可以利用的。普鲁塔克特别提到伯利克勒斯派遣安特摩克里托斯去麦加拉所表现出来的通情达理和善意友好,以及随后卡里努斯(Charinus)法令所表现的敌意。攻击菲迪阿斯(Phidias)和阿斯帕西娅的那个章节(31-32)似乎也取自克拉特鲁之类已出版的法令和诉状:①格劳孔(Glaucon)授予菲迪阿斯的控诉

---

① 参照普鲁塔克 Aristides(《阿里斯提德传》)26.4(《希腊纪事家残篇》342 F 12):"克拉特鲁没有提供文字证据,既没有诉讼也没有判决(oute diken oute psephisma),尽管他习惯于写出此类材料并加上那些报告它的人。"

人枚农(Menon)ateleia(豁免权)的法令(31.5),狄奥佩特斯(Diopeithes)反对异端宗教观点的法令(32.2),德拉孔提德斯(Dracontides)关于伯利克勒斯账目的法令以及哈农(Hagnon)的修正(32.3-4)。

在《尼基阿斯传》和《阿尔喀比亚德传》中,法令所扮演的角色似乎次要一些,尽管普鲁塔克在尼基阿斯的前言中(1.5)允诺补充修昔底德和菲利斯托斯(Philistus)叙述的献辞、法令和其他材料。但是他可能了解那条关于西西里远征的最后法令,他把它赋予德摩斯提尼,而修昔底德没有提到德摩斯提尼的名字(《尼基阿斯传》12.6;《阿尔喀比亚德传》18.3),①并且他能逐字引用客蒙的儿子色萨洛斯(Thessalus)对阿尔喀比亚德的诉状(《阿尔喀比亚德传》22.4,参照19.2-3)。

我认为最近的研究已经证实了修昔底德笔下的叙事与演说辞浑然一体的关系。有关普鲁塔克处理那些演说辞的本项考察表明,他也将叙事与演说辞视作一个浑然一体的整体,而它们是那位历史学家的著作,他从中为《名人传》选取材料。这些演说辞没有被作为演说者的真实表达而得到特别地处理,尽管它们由于修昔底德写入其中的历史事实或对主角性格与动机的洞见而受到珍视。普鲁塔克在其传记中自始至终避免更多理智分析,而这是修昔底德所喜欢的。就他对伯利克勒斯演说辞的处理而言(这一因素在其中是最突出的),尤其如此。在尼基阿斯和阿尔喀比亚德的例子中,那位历史学家的方法更接近于这位传记作家,因此前者为后者提供了更丰富的材料。阿尔喀比亚德欺骗斯巴达使节的事

---

① 可能不是出自一个法令,而是从阿里斯托芬的 *Lysistrata*(《吕西斯忒拉忒》) 387-398 的事件中推论出来的。

例对这位传记作家特别有用。[123] 普鲁塔克通过利用他认为是真实的法令补充了修昔底德笔下所缺乏的真实演说,这些法令让他真实地陈述了伯利克勒斯的 megalophrosynê(雄心),尽管这一陈述单调平乏。

最后,我们几乎不禁惊异于修昔底德仅以几页纸就能塑造出的伯利克勒斯形象之持久效应(主要从 1.139 到 2.65),尽管有大量其他材料可用,这一形象还是对普鲁塔克发生了根本性的影响,而且它在今天也对我们依然保持着根本性的影响。

修昔底德笔下的演说辞研究文献(1873-1970)

韦斯特三世(William C. West III)

[124]要对有关修昔底德演说辞的学术研究(scholarship)进行考察,首先会面临一个限定问题。① 演说辞研究几乎出现在修昔底德研究的各种路径之中,无法被单独划分出来。因此,必须要将这一考察的年代学范围限制在某一时期之中,以便让相关学术研究得到有效地呈现,并且一旦我们从文献阅读转入文本阅读,就会立刻意识到还必须对演说辞这一概念本身进行定义。明显的演说(obvious orations)不仅出现在直接话语(direct discourse)中,也出现在间接演说(indirect speech)中,并通常以某种环状结构作为其明显标志,即以 eipen hoti⋯(他这样说⋯⋯)开头、[125]以 tosauta eipôn⋯(这就是他所说的⋯⋯)结束。不过这种格式却经常发生变化,在不经意的阅读中可能就被忽略掉了。还有一个问题

---

① 该书目在格式上遵照 *L'Année Philologique*(《古典语文学年鉴》)中的体例。书籍的每个条目都按期刊、卷、页、评论者的顺序附上评论文章细目。期刊的缩写是在《古典语文学年鉴》中所用的标准缩写法。然而,为和美国的通常用法相一致,AJP,CP 和 HSCP 被用以代指 AJPh,CPh 和 HSPh。

是，应该如何对简短的独白、简要的评价、对话、书信、议论等等进行分类？这些问题都需要回答，即使仅仅是出于以一种经济的方式编排材料的实际需要。汇编者知道这样一种编排所揭示的顺序乍一看是显而易见、流于表面的。他的选择无法令所有人满意。但总而言之，这个书目在时间上涵盖了前后大约一个世纪。这些材料按年代顺序被列在不同的主题之下，而不同的主题则展示了研究演说辞所采取的各种不同路径，并分别以一个书籍列表结束。

在所要考察的这个世纪之中，写作问题（the problem of composition）从一开始就处于修昔底德学术研究之前沿。从十九世纪中叶到第二次世界大战爆发前夕，写作问题对修昔底德研究影响了将近一个世纪。罗米琳在有关修昔底德与雅典帝国主义的研究中（65），感到有责任对该问题进行详细讨论，以说明修昔底德研究的诸种现有路径并不能给出最终结论，并以此证明完全可以从一个新的角度来探究作者的思想。

对于研究该作品之写作的学者来说，演说辞要么不要不被解释为对已发表演说辞的历史性的忠实再现，要么不得不被解释为自由的创作。虽然修昔底德自己对方法所作的说明（参见 1.22）使这一研究路径成为律令，但这使得人们过分重视作为严格意义上之演说辞的直接演说（direct orations），进而可能导致人们忽视间接陈述中的演说辞。这种对直接演说辞的偏好可以在由贝拉斯（4）和耶伯（1）汇编的列表中看到。二者都排除了间接陈述，尽管后者也在某些例子中对间接演说（oratio obliqua）中演说辞之出现进行过评论。然而，普遍的趋势是将间接演讲简单地视作一种叙述形式。

如果我们试图对影响作品写作的诸种因素进行理解，那么演说辞中的历史准确性程度问题就出现了。"分离主义者"(Separatists)的观点认为,此书前半部分和后半部分的写作时间前后相隔二十年甚至更久,[126]而且修昔底德在写作后期还可能对前期作品偶作修改。由此可能得出以下判断:他或多或少是忠实地报道了他的演说者们的,并且这些演说辞反映了写作时间上的差异。但是如果采取"一体论者"(unitarian)的研究路径,将这部历史视为是战争结束后几年中的作品,则可将演说辞看作是不存在时间差异问题的独立写作。

无论在哪种情况下,都值得去探究这些演说辞在多大程度上反映了公元前5世纪大约最后三十年中真实的修辞术。因此在我们所考察的这段时期的早期部分,会碰到对修昔底德和智者的研究(参照88,89)以及对他和安提丰(Antiphon)及其他演说者在措辞(diction)上的比较。即使这些演说辞被判断为是自由的创作,它们仍然可以显示自身受到了那个时期修辞术的影响,比如会运用当时的一些老生常谈、技巧性的词汇,以及词语和观念的组合,以求对所涉论题产生最大效果。不管怎样,大部分研究作品之写作的学者对演说辞所采取的态度是与他们对历史准确性问题所持观点相适应的,当然如果承认它们是自由的创作,那么相应的研究则是基于另一个独立的基础了。

随着修昔底德研究的新时代的来临,人们对写作问题的兴趣减弱,从而也就必须在一个新的基础上对演说辞进行研究,尽管那种视演说辞为自由创作的观点已经为这一新基础打好了地基。演说辞仍能显示自己反映出了它们所来自的雅典智者文化之时代背景。Finley的著作便是这一研究路径的极好例子,尤其是"欧里庇得斯与修昔底德"(Euripides and Thucydides)(参照97)和他关于修昔底德的书中论文体的那一章(17)。罗米琳则展示了另一研究路径的丰富成果,她认为修昔底德作为一个历史学家有自己的思想,他对形成所描述事件的诸方力量有自己的理解,因此要从这一背景出发来解释演说辞。此外,对雅典的贡品目录以及大量相关文献重新进行的详细研究,都极大促进了关于修昔底德所处时代的历史研究和考察。在这一领域中,演说辞的研究显然有助于人们对城邦和内部派系的政治格局进行审视、对团体与个人的影响力程度以及他们对事件的影响程度进行评估。[127] 至此,看来已经可以从文学、历史、修辞三大范畴出发来研究演说辞了。

  本书目范围的确定主要以使用方便为宗旨。1873 年到 1970 年这段时期足可供人们观察以上所说的诸种趋势;Bursian 的 *Jahresberichte über die Fortschritte der klassischen Altertumswissenschaft*(《古典学研究进展年报》)从 1873 年开始出版,它的书目增刊,*Bibliotheca Philologica Classica*(《古典语文学书目》),则从 1874 年起每年出版。在这段时期,关于修昔底德的书目在诸种年目录中都能找到,比如 *Bibliotheca*(《书目》),S. Lambrino 的 *Bibliographie classique des années* 1896 à 1914(《1896 至 1914 年古典书目》),*Dix années de bibliographie classique*(《古典书目十年》)和 *L'année philologique*(《语文学年鉴》)中。截至二战之前,Bursian 年报中诸多关于修昔底德学术研究的详细文章亦是对这些书目的有益补充。而二战之后,读者则可通过以下作品获得指南:*Classical World*(《古典世界》)(Wassermann 和 Chambers 著);*Fifty Years of Classical Scholarship*(《古典学术五十年》)(Griffith 著),重印出版于 *Fifty Years*(*and Twelve*)*of Classical Scholarship*(《古典学术五十年(及十二年)》)中,书中附有一个书目;Schmid-Stöhlin 和 Pauly-Wissowa 古典学百科全书第 12 增补卷中 Luschnat 的关于修昔底德的最新文章,以及最近几年的重要书籍

和专著。尽管再严谨的人也可能挂一漏万,但我仍希望能尽量避免遗漏。为了使目录长度适当,除了格姆的书以外,我未放入任何文本、译文和评注。

出于以上显而易见的原因,以 1873 年作为这个书目的起始是个颇为方便的选择,这使得我们的考察直接进入由作品写作问题主导修昔底德笔下的演说辞研究的时代。这个问题影响了演说辞研究好几十年,但是从中仍可以看到,人们将演说辞作为独立文本来研究的兴趣日益增长,从 1930 年代以来尤其明显。同样,该书目以 1970 年收尾也绝不意味着一个学术时期的终结。它只是由一个幸运的巧合来标志,Luschnat 在 Pauly-Wissowa 中关于修昔底德的文章和格姆的《修昔底德战争志笺注》第四卷(与 Andrewes 和 Dover 合作)均是在这一年出版的。

通论

[128]这个部分的研究广泛地考察了演说辞在修昔底德《战争志》中的地位,以及修昔底德演说辞在公元前 5 世纪希腊演说术及散文历史中的地位。在最近出版的著作中,Luschnat 在 *RE*(37)中的关于修昔底德的文章和 von Fritz 关于希腊历史编撰学的专著(34)值得特别提及,它们不仅对演说辞及其在作品中的功能进行了有价值的探讨,而且也对当前修昔底德研究状况进行了综述。如果一定要将它们置入一个已有的修昔底德学术研究传统中的话,那么可以将它们与 Schmid(21)和 Finley(17)的著作并列。修昔底德研究的新构想则出现于第一次世界大战之后,它来自 Schwartz 关于作品写作问题的杰出研究(50),其后,Wasserman(12)和 Pohlenz(14)也对该问题作了考察,这些可视为以下两个时期间的过

渡：演说辞研究从由形成史研究（Entstehungsgeschichte）主导的时期过渡到将其作为独立文本来研究的时期。

至于修昔底德演说辞在希腊演说术和散文发展过程中的地位，这一时期也有通论性评价，比如耶伯的文章（1），Blass（4）与 Norden（9）的大部头著作，以及最近的 Kennedy（29）的作品。同样，还有来自历史学家的观点，代表如 Busolt（5），Bury（7）和 Adcock（28）的文章以及格姆的评注（19, 25, 36），后者最近三十年一直在出版，这三十年本身基本相当于修昔底德研究的新近时代。这里也将 Regenbogen 的政治演讲选集和翻译包括在内，因为它包含了一个关于修昔底德演说辞一般主题的出色导言（22）。Herter 在科学书社（Wissenschaftliche Buchgesellschaft）出版的"研究之路"（Wege der Forschung）系列中的集子（35）则是搜集了自 1930 年以来重要著作的代表性选集。直接话语中的演说辞目录可以在耶伯（1），Cammerer（3, p. 3），Blass[2]（4, pp. 232-233; cf. Blass[1][1868], pp. 227-239）和 Taeger（11, p. 206 f.）中找到。Luschnat（37, cols. 1163-1166）扩充了这些目录，此外还收纳了间接演讲中的许多演说辞。

[129] 此处为第一个书籍目录 1-38：原书 129 页至 134 页中上

演说辞和写作问题

[134]《战争志》的写作问题源于 F. W. Ullrich 的 *Beitrôge zur Erklôrung des Thukydides*（《修昔底德阐释论集》）（Hamburg 1846）。这一问题曾对修昔底德研究产生过巨大影响，尽管列于本论题下的大多数作品都写于第二次世界大战之前，但是这绝不意味着这个问题不再重要了。它的影响依然

可以从列于下一个论题(修昔底德的思想和目的)下的书目中看到,这些书意在按照我们对原作品所保有的那样来探究这部作品,并且承认作品发生过程中的主观性。

简单地说,Ullrich 的理论假定该历史写作于两个时期:尼基阿斯和平条约以后的 421 年和雅典战败以后的 404 年。第二个写作时期的标志是 5.26 中的新序言。在尼基阿斯和平条约以后的几年中修昔底德把这次战争看作一个十年战争。404 年以后他由于新的识见而修改了早先的文本,并增加了一些对后来事件的提示。该理论似乎源自修昔底德传记的某些观念,在它出版大约二十年之后已变得很有影响,其时在德国大学里已对历史主义兴起了广泛兴趣。在我们考察的这段时期,从历史—传记的途径研究该问题的标志性人物是 Meyer(46),Schwartz(50),Pohlenz(51)和 Schadewaldt(53)。Schadewaldt, Grosskinsky(54)和 Patzer(57)则强调1.22 的重要性。

[135]此处为第二个书籍目录 39-58:原书 135 页至 136 页中下

修昔底德的思想和目的

[136]尽管修昔底德《战争志》是以一种未完成的状态留传下来的,但要探究一个作为历史学家和文学艺术家的作者的思想,则必须按照作品保存下来的那样来对整部作品进行考虑。正如列于此论题下的大部分研究都写于过去 25 年间,[137]这也许标志着一种认可,一种对发展另一种修昔底德研究途径的需求的认可,这条途径相对独立于且不同于作品发生问题的通常研究路数。罗米琳有关修昔底德和雅典帝国主义的研究是此类途径的一个杰出例证(65),它开始脱离

了写作问题,并将其带往一个新的方向。演说辞可灵活运用于以下研究,那就是给出相应的思想史背景,由此来对诸多事件、个人动机和政治运动进行解释。对修昔底德思想的研究则可以是探究作品中由关键词、短语和概念所表达的诸种观念(68,73,74,76,77,78),也可以是审视作者对其时代热点和思想潮流的态度(59,60,62,63,64,65,67,69,70,72,75)。

此处为第三个书籍目录 59-78:原书 137 页中至 139 页

修辞术和演说术

[140]这个部分的研究或者是为了证明演说技巧和修辞术影响而考察修昔底德演说辞(79,81,86,92,93,99,100,103),或者是探究修昔底德和其他文学人物尤其是演说者(80,85,90,96,98),以及当时诸种思想势力(82,83,87,94,97)之间的关系。对修昔底德与当时诸种思想势力间关系的探究包括了对修昔底德和智者的研究(88,89,101)。尽管修辞术和演说术方面的兴趣看来可能充斥了我们所考察的这几年,但是针对演说辞的文学—历史本质进行的研究则在这段时期的早期更为流行。与本论题相关的单个演说辞研究则分别列于相应演说辞之下,在列表较后的位置。在此,读者应特别注意 Kakridis 论伯利克勒斯葬礼演说的文章(251),以及 Moraux 论密提林辩论(Mytilene debate)的文章(279)。

此处为第四个书籍目录 79-103:原书 140 页中至 142 页中

演说辞和历史

[142]列在该论题下的条目强调修昔底德演说辞和外在因素之间的关系。包括演说辞的客观性和准确性的研究(108,112,115,118)和那些审查演说辞中重大事件(107,119,127)、政治和社会结构(116,117,121,122,124,125,131)以及个性——尤其是伯利克勒斯和阿尔喀比亚德的个性(104,105,106,109,110,113,114,120,123,126,128,129,130)的研究。这里引了雅典贡品目录卷三,因为它的重要性在于,为根据第五世纪的时代背景来评价修昔底德确立的标准(111)。这方面单个演说辞的研究列于相应演说辞之后,在列表较后的位置。

此处为第五个书籍目录 104-131:原书 142 页下至 145 页上

演说辞的种类

[145]处理修昔底德笔下的演说辞和口头言词(logoi)之内部分类的单独研究列在这里。该主题的一般讨论可以在耶伯(1),Blass(4)和 Luschnat(37)那里找到。

此处为第六个书籍目录 132-136:原书 145 页中至 145 页中下

文体

这个部分包括了有关外在力量对修昔底德演说辞文体影响的一般性研究(140,141,144),以及对该文体内在特征的探究(137,138,139,142,143,145,147,148)。[146]有人提出修昔底德试图通过演说者实际上使用的演说文体来刻画他们的性格(146)。

此处为第七个书籍目录137-148：原书146页上至147页中

个别章节

[147]这个论题留给对个别章节进行的文本和历史上的单独讨论，这些章节出自多个演说辞。有关1.22的讨论也包括在内。

此处为第八个书籍目录149-162：原书147页中下至148页中

个别演说辞

[148]对个别演说辞和一个演说辞中个别段落的单独研究列在这里。不过，这当中有许多尤其是著名的演说辞，比如伯利克勒斯的葬礼演说、密提林辩论和米洛斯人对话(Melian dialogue)，其研究也出现在专著长度的研究之中，它们就列在其他题目后面，在列表前面的位置。

此处为第九个书籍目录163-351：原书147页中下至161页

图书在版编目（CIP）数据

修昔底德笔下的演说/（美）斯塔特编；王涛等译.-北京：华夏出版社，2012.1
（西方传统：经典与解释）
书名原文：The Speeches in Thucydides:A Collection of Original Studies with a Bibliography
ISBN 978-7-5080-6633-2

Ⅰ.①修… Ⅱ.①斯… ②王… Ⅲ.①演讲－研究－古希腊－文集 Ⅳ.①H019-53

中国版本图书馆CIP数据核字(2011)第205933号

The Speeches in Thucydides:A Collection of Original Studies with A Bibliography edited by Philip A. Stadter. Copyright © 1973 by the University of North Carolina Press.
Published in the simplified Chinese language by arrangement with the University of North Carolina Press, Chapel Hill, North Carolina 27514 USA
www.uncpress.unc.edu

版权所有，翻印必究。
北京市版权局著作权合同登记号：图字01-2007-4137号

修昔底德笔下的演说
[美] 斯塔特　编
王涛　等译

出版发行：华夏出版社
　　　　　（北京市东直门外香河园北里4号　邮编：100028）
经　　销：新华书店
印　　刷：北京市建筑工业印刷厂南厂
装　　订：三河市李旗庄少明印装厂
版　　次：2012年1月北京第1版
　　　　　2012年1月北京第1次印刷
开　　本：880×1230　1/32开
字　　数：129千字
印　　张：5.75
定　　价：29.00元

本版图书凡印刷、装订错误，可及时向我社发行部调换

西方传统：经典与解释

西方传统：经典与解释
Classici et Commentarii
HERMES
刘小枫 ◎ 主编

古今丛编

撒路斯特与政治史学
刘小枫 编

民主的本性——托克维尔的政治哲学
[法]马南 著

希罗多德的王霸之辨
吴小锋 编/译

梅尔维尔的政治哲学——《切雷诺》及其解读
李小均 编/译

第二代智术师——罗马帝国早期的文化现象
安德森 著

英雄诗系笺释
[古希腊]荷马 著

统治的热望
——修昔底德笔下的阿尔喀比亚德和帝国政治
[美]福特 著

席勒美学的哲学背景
[美]维塞尔 著

雅典谐剧与逻各斯
——《云》中的修辞、谐剧性及语言暴力
[美]奥里根 著

菜园哲人伊壁鸠鲁
罗晓颖 选编

托尔斯泰与陀思妥耶夫斯基（第一卷·生平与创作）
[俄]梅列日科夫斯基 著

托尔斯泰与陀思妥耶夫斯基（第二卷·宗教思想）
[俄]梅列日科夫斯基 著

自传性反思
[德]沃格林 著

黑格尔与普世秩序
[美]希克斯 等著

新的方式与制度——马基雅维利的《论李维》研究
[美]曼斯菲尔德 著

论埃及神学与哲学——伊希斯与俄赛里斯
[古希腊]普鲁塔克 著

凯撒的剑与笔
李世祥 编／译

纪念苏格拉底——哈曼文选
刘新利 选编

科耶夫的新拉丁帝国
[法]科耶夫 等著

夜颂中的革命和宗教——诺瓦利斯选集卷一
[德]诺瓦利斯 著

大革命与诗话小说——诺瓦利斯选集卷二
[德]诺瓦利斯 著

《利维坦》附录
[英]霍布斯 著

巨人与侏儒
[美]布鲁姆 著

或此或彼（上、下）
[丹麦]基尔克果 著

海德格尔与有限性思想（重订版）
刘小枫 选编

海德格尔式的现代神学
刘小枫 选编

走向古典诗学之路
——相遇与反思：与伯纳德特聚谈
[美]伯格 编

论宗教大法官的传说
[俄]罗赞诺夫 著

上帝国的信息
[德]拉加茨 著

双重束缚
[美]基拉尔 著

俄耳甫斯教祷歌
吴雅凌 编译

俄耳甫斯教辑语
吴雅凌 编译

黑格尔的观念论
[美]皮平 著

古今之争中的核心问题
[德]迈尔 著

浪漫派风格——施莱格尔批评文集
[德]施莱格尔 著

神圣的罪业
[美]伯纳德特 著

论永恒的智慧
[德]苏索 著

宗教经验种种
[美]詹姆斯 著

尼采反卢梭
[美]凯斯·安塞尔-皮尔逊 著

施米特对自由主义的批判
[美]约翰·麦考米克 著

舍勒思想评述
[美]弗林斯 著

诗与哲学之争
[美]罗森 著

基督教理论与现代
[德]特洛尔奇 著

亚历山大的克雷蒙
[意]塞尔瓦托·利拉 著

伊壁鸠鲁主义的政治哲学
[意]詹姆斯·尼古拉斯 著

神圣与世俗
[罗]伊利亚德 著

中世纪的心灵之旅——波纳文图拉神学著作选
[意]圣·波纳文图拉 著

弓弦与竖琴——从柏拉图解读《奥德赛》
[美]伯纳德特 著

墙上的书写——尼采与基督教
[德]洛维特/沃格林 等著

论古人的智慧
[英]培根 著

希伯莱圣经历代注疏

希腊化世界中的犹太人
[英]威尔逊 著

第一亚当和第二亚当
[德]朋霍费尔 著

卢梭注疏集

哲学的自传——卢梭的《孤独漫步者的遐思》
[法]卢梭 著

文学与道德杂篇
[法]卢梭 著

设计论证——卢梭的《社会契约论》
[美]吉尔丁 著

卢梭的自然状态
[美]普拉特纳 等著

卢梭的榜样人生——作为政治哲学的《忏悔录》
[美]凯利 著

柏拉图注疏集

论柏拉图对话
[德]施莱尔马赫 著

神话诗人柏拉图
张文涛 选编

人应该如何生活
[美]布鲁姆 著

阿尔喀比亚德
[古希腊]柏拉图 著

叙拉古的雅典异乡人——柏拉图《书简七》探幽
彭磊 选编

阿威罗伊论《王制》
[阿拉伯]阿威罗伊 著

《王制》要义
刘小枫 选编

柏拉图的《会饮》
[古希腊]柏拉图 等著

苏格拉底的申辩
[古希腊]柏拉图 著

苏格拉底与政治共同体
[美]尼科尔斯 著

柏拉图《法义》疏解
[美]潘戈 著

《法义》导读
[法]卡斯代尔·布舒奇 著

论真理的本质
[德]海德格尔 著

哲人的无知
[德]费勃 著

米诺斯
[古希腊]柏拉图 著

亚里士多德注疏集

尼各马可伦理学义疏——亚里士多德与苏格拉底的对话
[美]伯格 著

哲学之诗——亚里士多德《诗学》解诂
[美]戴维斯 著

对亚里士多德的现象学解释
[德]海德格尔 著

城邦与自然——亚里士多德与现代性
刘小枫 编

论诗术中篇义疏
[阿拉伯]阿威罗伊 著

哲学的政治——亚里士多德《政治学》疏证
[美]戴维斯 著

莱辛注疏集

汉堡剧评
[德]莱辛 著

关于悲剧的通信
[德]莱辛 著

《智者纳坦》研究版
[德]莱辛 等著

启蒙运动的内在问题——莱辛思想再释
[美]维塞尔 著

莱辛剧作七种
[德]莱辛 著

历史与启示——莱辛神学文选
[德]莱辛 著

论人类的教育——莱辛政治哲学文选
[德]莱辛 著

色诺芬注疏集

居鲁士的教育
[古希腊]色诺芬 著

驯服欲望——施特劳斯笔下的色诺芬撰述
[法]科耶夫 等著

论僭政——色诺芬《希耶罗》义疏
[美]施特劳斯 著

色诺芬的《会饮》
[古希腊]色诺芬 著

施特劳斯集

哲学与律法——论迈蒙尼德及其先驱
[美]列奥·施特劳斯 著

迫害与写作艺术
[美]列奥·施特劳斯 著

柏拉图式政治哲学研究
[美]列奥·施特劳斯 著

阅读施特劳斯
[美]斯密什 著

《会饮》讲疏
[美]列奥·施特劳斯 著

柏拉图《法义》的论辩与情节
[美]列奥·施特劳斯 著

什么是政治哲学
[美]列奥·施特劳斯 著

古典政治理性主义的重生
[美]列奥·施特劳斯 著

犹太哲人与启蒙——施特劳斯演讲与论文集:卷一
[美]列奥·施特劳斯 著

苏格拉底问题与现代性
—— 施特劳斯演讲与论文集:卷二
[美]列奥·施特劳斯 著

回归古典政治哲学——施特劳斯通信集
[美]列奥·施特劳斯 著

隐匿的对话——施米特与施特劳斯
[德]迈尔 著

苏格拉底与阿里斯托芬
[美]列奥·施特劳斯 著

尼采注疏集

尼采的使命——《善恶的彼岸》绎读
[美]朗佩特 著

尼采与现时代——解读培根、笛卡尔与尼采
[美]朗佩特 著

动物与超人之间的绳索
[德]A.彼珀 著

维吉尔注疏集

《埃涅阿斯纪》章义
王承教 选编

维吉尔的帝国
阿德勒 著

品达注疏集

幽暗的诱惑——品达、晦涩与古典传统
[美]汉密尔顿 著

新约历代经解

属灵的寓意
[古罗马]俄里根 著

赫西俄德集

神谱笺释
吴雅凌 撰

赫西俄德:神话之艺
[法]居代·德·拉孔波 等著

赫拉克勒斯之盾笺释
罗逍然 译笺

莎士比亚绎读
莎士比亚笔下的爱与友谊
[美]布鲁姆 著

莎士比亚戏剧与政治哲学
彭磊 选编

莎士比亚的政治盛典
[美]阿鲁里斯/苏利文 编

丹麦王子与马基雅维利
罗峰 选编

古希腊诗歌丛编
阿尔戈英雄纪
[古希腊]阿波罗尼俄斯 著

但丁集
但丁的圣约书
[美]霍金斯 著

美国宪政与古典传统
美国1787年宪法讲疏
[美]阿纳斯塔普罗 著

修昔底德集
修昔底德笔下的演说
[美]斯塔特 著

古希腊政治理论
格雷纳 著

中国传统：经典与解释

冬炼三时传旧火——港台学人论方以智
邢益海 编

药地炮庄
[明]方以智 著

周礼疑义辨证
陈衍 撰

经学通论
[清]皮锡瑞 著

韩愈志
钱基博 著

论语辑释
陈大齐 著

《庄子·天下篇》注疏四种
张丰乾 编

荀子的辩说
陈文洁 著

古学经子——十一朝学术史述林
王锦民 著

经学以自治——王闿运春秋学思想研究
刘少虎 著

《铎书》校注
孙尚扬 肖清和 等校注

大学素质教育读本

古典诗文绎读 西学卷·古代编（上、下）
古典诗文绎读 西学卷·现代编（上、下）

经典与解释辑刊（刘小枫 陈少明 主编）

1 柏拉图的哲学戏剧
2 经典与解释的张力
3 康德与启蒙
4 荷尔德林的新神话
5 古典传统与自由教育
6 卢梭的苏格拉底主义
7 赫尔墨斯的计谋
8 苏格拉底问题
9 美德可教吗
10 马基雅维利的喜剧
11 回想托克维尔
12 阅读的德性
13 色诺芬的品味
14 政治哲学中的摩西
15 诗学解诂
16 柏拉图的真伪
17 修昔底德的春秋笔法
18 血气与政治

19 索福克勒斯与雅典启蒙
20 犹太教中的柏拉图门徒
21 莎士比亚笔下的王者
22 政治哲学中的莎士比亚
23 政治生活的限度与满足
24 雅典民主的谐剧
25 维柯与古今之争
26 霍布斯的修辞
27 埃斯库罗斯的神义论
28 施莱尔马赫的柏拉图
29 奥林匹亚的荣耀
30 笛卡尔的精灵
31 柏拉图与天人政治
32 海德格尔的政治时刻
33 荷马笔下的伦理
34 格劳秀斯与国际正义
35 西塞罗的苏格拉底
36 基尔克果的哲学与政治